伟人的青少年时代

马克思

郑春兴　主编

时代文艺出版社

图书在版编目（CIP）数据

马克思 / 郑春兴 主编. —长春：时代文艺出版社，2012.6（2022.6重印）
（伟人的青少年时代）

ISBN 978-7-5387-2757-9

Ⅰ.①马... Ⅱ.①郑... Ⅲ.①马克思（1818~1883）—生平事迹—青少年读物 Ⅳ.①A712-49

中国版本图书馆CIP数据核字（2009）第104208号

出品人 陈 琛
责任编辑 王 峰
排版制作 初昆阳

马克思

郑春兴 主编

出版发行 / 时代文艺出版社
地址 / 长春市福祉大路5788号 龙腾国际大厦A座15层 （130118）
总编办 / 0431-81629751 发行部 / 0431-81629758
官方微博 / weibo.com/tlapress
印刷 / 三河市东兴印刷有限公司
开本 / 660mm × 940mm 1 / 16 字数 / 140千字 印张 / 10
版次 / 2009年6月第1版 印次 / 2022年6月第8次印刷 定价 / 36.00元

本书编委会

主　编： 郑春兴

副主编： 张耀军　朴景爱　辛宏志　杨　厦　张李昂
李赫男　王艳春　戚　新　孙伟国　张桂兰
于淑丽　于克敏　孙惠欣

编委会成员：（以姓氏笔画为序）
马　锋　刘　伟　李文太　杨开银　张春昊
杜　葳　李　颖　胡汉军　项　和　蒋玉容
韩国义

目 录 MULU

小伙伴的偶像

虽然是初夏时节，天已经热起来了。轻柔的暖风吹过河面，轻拂着山坡上的花草树木，也吹开了花草间坐着的两个少女甜美的笑颜。

两个少女正在用野花编织着一个花环。在她们不远处，有一群男孩子在奔跑着，叫喊着——他们在做军事游戏。

两个少女要把她们编织的花环奖赏给“战斗”中表现最勇敢的“战士”。

这时，花环已经编织好了。

一阵欢呼声传来，那一群孩子已经叫喊着奔跑到两个少女跟前。带头的是个健壮的男孩，肤色黝黑，额头宽阔，眼睛明亮而有神。

“我们又胜利了！”带头男孩朝两个少女大声地喊着，“他们根本不是我们的对手！”

这个男孩儿就是卡尔。两个少女是他姐姐索菲亚和她的好朋友燕妮。

这时索菲亚和燕妮已经站起来了。燕妮笑着问卡尔：

“你们当中谁最勇敢啊？我们就把这花环送给他！”

话音未落，一个头发卷曲、光着上身的男孩儿抢着说：

“卡尔！他最勇敢，他把埃德加尔追到河里才抓住。花环应该送给卡尔!”

燕妮听了，微笑着把花环套在卡尔的脖子上……

旁边浑身湿淋淋的埃德加尔却对燕妮委屈地嚷起来：

“姐，卡尔不好，我进了河里他还追，害得我喝了好几口河水……

燕妮就对卡尔说：

“以后你们要小心些，别真的淹着了。”

听燕妮这么一说，卡尔有些不好意思了。他摘下花环套在埃德加尔的脖子上，说：

“你别生气了，这个送给你。”

“噢——我有花环了！”

埃德加尔欢呼一声，取下花环，舞动着，向前跑去。

那个头发卷曲的男孩儿问卡尔：

“卡尔，我们接下来玩什么？”

卡尔想了想说：“捉迷藏吧，走。”说着一挥手，转身领着小伙伴们朝一片灌木丛跑去了。

望着这群快乐的孩子，两个少女都笑了。

燕妮说：“瞧，小伙伴们都听卡尔的，他多受欢迎啊。”

索菲亚说：“是啊，他总是能想出各种各样的游戏。他还知道用什么办法赢得小伙伴对他的好感。他总把自己制作的点心给小伙伴吃，不过，那些点心并不可口。”

燕妮又笑了，说：

“听埃德加尔说，小伙伴们都愿意听卡尔讲故事，有些故事根本是他自己编的，又离奇又好听。所以他成了小伙伴心目中的偶像。”

索菲亚这时投目燕妮，说：

“你知道卡尔为什么这么高兴吗?”

不等燕妮回答，她又接着说：“明天是卡尔十岁生日，我父亲答应送他一件有意义的生日礼物，可一直不告诉我们那礼物是什么。”

燕妮眨了下美丽的大眼睛，说：

“听你一说，连我也想知道那礼物是什么了。”

索菲亚拉住燕妮的手，说：

“那你明天来我家好吗?卡尔也会非常高兴的。”

燕妮笑了，说：

“可我应该送卡尔一件什么生日礼物好呢?”

两个少女边说着话，边走下山坡；她们纤柔的身影很快隐没在一片树林里。而卡尔和小伙伴们欢乐的叫喊声仍在山林间回荡。

生日礼物

卡尔的家住在特利尔城西梅昂街1070号，是在他两周岁时从布吕肯街664号搬来的。

特利尔是座小城，位于德国南部的莱茵省。城的四周环绕着群山，城西侧还有一条河流过，这条河是莱茵河的支流，叫摩塞尔河。

特利尔城历史悠久，充满了浓郁的民族气息。城里有许多文物古迹，市民都为能居住在这样的城市里感到自豪。

卡尔于1818年5月5日凌晨出生在一个富裕文明的家庭里。他的家庭具有纯粹的犹太血统。

卡尔的父亲亨利希·马克思是特利尔城的首席律师，为人正直、善良，才华出众；还出任过政府法律顾问，在社会上很有名望。

卡尔的母亲名叫罕丽达·普勒斯堡，是一位勤劳善良的普通家庭妇女。她一生养育过九个子女，却只有四个孩子长大成人：卡尔是唯一的男孩，他还有一个姐姐和两个妹妹。

卡尔作为男孩，又非常聪明，深受父母宠爱。父亲希望他长大能继承父业成为一名出色的律师，所以经常向卡尔讲述自己的人生经历，并介绍各类有益的知识和经验，对此卡尔受益匪浅。

卡尔没有读小学，他的小学课程全部是在父母指导下完成的。他才智过人，又勤奋好学，那些课程根本不够他学，于是去户外游戏成了他童年生活的重要部分。

卡尔的童年是无忧无虑，健康而快乐的。他每次过生日父亲都要送他一个生日礼物，今年他十岁了，父亲又会送什么生日礼物给他呢?

卡尔过生日这一天，父亲下班比每天要早些。等父亲回来时，母亲已经准备好了丰盛的晚餐。

在晚餐之前，卡尔和姐妹们就围住了父亲，嚷着让父亲出示送给卡尔的生日礼物。

姐姐索菲亚摇动着父亲的手，说：

“爸爸，你说今天送给弟弟一件有意义的生日礼物，还说让我们与他一同分享，现在该把礼物拿出来了吧?”

父亲笑了笑，逐一打量着自己可爱而活泼的孩子，不紧不慢地说：

“我要送给卡尔的生日礼物是一个非常感人的故事，你们当然可以分享了。”

有意义的生日礼物竟然是一个故事，孩子们不免有些失望，但既然这个故事非常感人，他们还是欢呼起来。

卡尔嚷着催促父亲快讲，听父亲讲故事一向是他的最大乐事。

父亲就绘声绘色地讲起来：

“相传很早以前，人世间因为没有火，夜晚又黑又冷，人们只能吃生冷的食物，许多人因疾病和寒冷而痛苦地死去了……”

父亲刚讲到这里，卡尔就在一旁大声地接着讲道：

“后来，有一个叫普罗米修斯的神来到人间。他非常同情人类的困苦，于是回到天上向神王宙斯请求，要把天上的火种送给人间。可是，宙斯不同意。普罗米修斯就盗出火种送给了人间。人类从此就吃到了熟食，夜晚也有了光明和温暖……”

卡尔因为讲得激动，小脸红扑扑的。孩子们的目光被他吸引过来，连父母也看着他，目光中充满了惊奇。

但是，谁都没打断他。

卡尔接着讲下去：

“但是，等宙斯知道后，他发怒了，派出火神带神兵把普罗米修斯抓住，用铁索绑在了高加索山崖上，让他经受狂风吹、暴雨淋和烈日晒还不算，还派去一只恶鹰每天去啄他的内脏。但他受多大的痛苦都不屈服，直到最后被解救。”

故事讲完了，孩子们拍手叫好。

父亲拉过卡尔，让他坐在自己身边，说：

“想不到你已经听到这个故事了……”

卡尔笑了笑，说：

“是威斯特华伦男爵讲给我听的，他还给我讲过许多故事，我们已经是好朋友了。”

“噢？真的吗？”

父亲欣喜地叫起来。

“是真的！”

门口有人接声说。

众人循声望去，见门口出现了燕妮和她的父亲威斯特华伦男爵。

“燕妮，欢迎你！”

索菲亚叫了一声，第一个迎上前去，亲热地握住燕妮的手。

父亲也站起身，对威斯特华伦男爵热情让座，说：

“好朋友，想不到你也一直在教育着我的儿子。刚才我给他讲普罗米修斯，可是他早就知道了，讲得比我还好呢。”

威斯特华伦男爵笑了笑，接过父亲递过的雪茄烟，说：

“他那聪慧的大脑需要充填的知识太多了，我们就是倾囊相授也怕满足不了他啊。”

在两个大人说话时，燕妮已经把她的生日礼物送到了卡尔面前，说：

“卡尔，这是我爸爸新给我买的，我送给你吧，祝你生日快乐！”

燕妮送给卡尔的生日礼物是一套世界童话精品全集。

突发事件

威斯特华伦男爵一家和卡尔一家住邻居，是特利尔的名门望族，男爵的父亲曾在军政界担任过要职。

男爵本人受过良好的高等教育，曾担任过特利尔的枢密顾问。他与那些顽固守旧的普鲁士封建贵族不同，是一位具有自由主义思想倾向的开明分子，所以才能与卡尔的父亲成为好朋友。

男爵的知识和见闻都十分广博，熟读过启蒙思想家的著作；能顺利地讲英语、法语、西班牙语、希腊语和拉丁语；但他最钟爱的还是文学，能够整篇地背诵《伊利亚特》《奥德赛》以及莎士比亚作品中的诗篇和剧中的人物独白。

男爵经常为两家孩子朗读文学名著，而最忠实的两个小听众就是卡尔和燕妮。他很喜欢卡尔的聪明伶俐和好学不倦，并有意在常识与德才方面给卡尔以有益的启迪。

卡尔也把男爵当成崇拜对象，甚至看成了第二个父亲，他遇到了什么不明白的问题也愿意向男爵求教。

1832年，卡尔已经十四岁了，正在特利尔中学读书。他是十二岁入学的，男爵的儿子埃德加尔当时与他同时入学。两人是儿时玩伴，又成了学校的好朋友。

这一年秋天的一个傍晚，卡尔放学后便同埃德加尔来到了威斯特华伦男爵的家里。

卡尔知道父亲出差了，而他要把今天学校里发生的“突发事件”告诉男爵。

“噢，我的卡尔，欢迎你啊。”

当卡尔和埃德加尔走进男爵书房时，男爵放下书，笑着与他打招呼。

“爸爸，今天我们学校出事了，我和卡尔都非常生气。”

埃德加尔刚坐下，就气愤地说起来：

“许多军警突然包围了学校，从学生宿舍搜查出许多说是禁止的书刊，还把一个学生粗暴地抓走了。爸爸，你说这是不是对我们学生迫害？”

男爵微微皱了下眉，却把目光投向坐在儿子身旁的卡尔，说：

“卡尔，你看了那些被禁的书刊了吗？”

卡尔避开男爵的目光，低下头，轻声说：

“看了两本，我很好奇，可是我觉得……没有什么不好的。”

爵接着说：“那些都是宣传革命思想的进步书籍，当局当然要查禁了。”

埃德加尔眨巴了两下眼睛，不解地问道：

“这么说我们学校有些学生在闹革命？”

男爵慢慢离开座椅，在室内踱着步，说：

“是你们学校出现了自由民主思潮，这是受革命风潮的影响。”

卡尔接着说：“是的，我们许多学生都对德国封建专制制度很厌恶，我们希望实现民主改革和国家统一。”

顿了顿，见男爵没打断他，又接着说：

“我每天上学都要经过贫民区，那里挤满了逃难的农民。我经常想，同样是人，为什么生活差别会这样大？为什么政府对这些穷人漠不关心呢？现在我知道了，政府只维护富人的利益和自己的统治，根本不顾穷人的死活。”

男爵把双臂抱在胸前，一只手轻捻着下巴上的胡子，思忖着说：

“你看到的只是特利尔城的一些现象，在德国乃至这个世界上，这种不平等的现象还有很多啊。甚至还有更为丑恶，更为黑暗的现象。”

“那么，怎样才能消灭这些不平等现象呢？”

卡尔睁大眼睛急不可待地问。

男爵微叹一声，又坐回座椅，对卡尔说：

“看来你看的‘禁书’还不够多呀，不过也好，你们现在的任务就是学习……”

卡尔打断男爵的话，说：

“可我们总该树立一个人生理想，知道为什么而学习啊！我总想一个人若只为了自己，那他就未免太狭隘了。”

“嗯，很有抱负！”

男爵点了点头，起身到书架前拿过一本书，过来递给卡尔，说：

“这是我新买的圣西门的书，你拿去看看吧。他是法国的一个思想家，提出了社会主义学说，主张建立一个没有剥削、没有压迫、人人平等、友爱的新社会。”

圣西门

卡尔站起身，双手接过书，双眸闪动着兴奋的光芒，激动地说：

“谢谢先生！我一定好好地读完这本书。”

也许是受到了圣西门思想的影响，也许是卡尔对所看到的生活现象进行了深刻的思考，他在写毕业论文时，这样表达了自己的崇高志向：

如果人只是为了自己而劳动，他也许能成为有名的学者、伟大的贤哲、优秀的诗人，但是他永远不能成为真正完美的伟人。

在选择职业时，我们应该遵循的主要原则是人类的幸福和我们自身的完美。人的天性本应如此：人们只有为同时代人的完美和幸福而工作，才能使自己也达到完美。

如果我们选择了最能为人类幸福而劳动的职业，那么，重担就压不倒我们，因为这是为大家而献身；那时我们所感到的就不是可怜的、有限的、自私的乐趣，我们的幸福将属于百万人，我们的事业将默默地存在下去，永恒地发挥着作用，当我们离开人世之后，高尚的人将在我们的骨灰上洒下热泪。

卡尔写这篇毕业论文时，但受到巨大震撼的审阅老师怎么也不能相信这论文是出自一个十七岁的少年之手。

审阅老师被卡尔的精神思想和伟大抱负深深打动了，他写下了这样的评语：相当好，想象丰富，理解深刻。

1835年秋天，年仅十七岁的卡尔中学毕业了。在特利尔中学五年艰苦而充实的学习时光，品学兼优的他赢得了老师们的钟爱。

学校考评委员会在卡尔·马克思的毕业证书上写下了这样的鉴定：

该生天赋极高，在古代语言、德语和历史课方面表现出了极令人满意的勤勉；在数学课方面是令人满意的勤勉；法语课是颇为勤勉；德语知识和作文都很好；拉丁文能流利、细致地翻译和解释课文；希腊文掌握的程度与拉丁文相仿；法语语法知识相当好，稍作辅导就能阅读较难的作品，口语方面比较流畅；数学有丰富的知识；历史和地理具有相当令人满意的知识。

本委员会衷心祝愿该生因天资过人而取得更好学习成绩，并获得美好的前程。

少年豪放

中学毕业后，马克思考取了波恩大学法律系。这是遵从父亲的意愿，他父亲仍然没忘让他子承父业当律师。

1835年10月，马克思乘船沿摩塞尔河转莱茵河航行，来到波恩。

波恩距特利尔有一百多公里的路程，是莱茵省的文化中心，虽然比特利尔大不了多少，但城市生活更显得丰富多彩。

马克思刚进入大学当然学习热情很高，也非常勤奋，他一下子就选修了九门课程。

他学习十分专注刻苦，除了认真听课外，还买了大量各类书籍进行课外自学。因此他的正常的学习时间已经不够用了。不得不占用休息和其他课外时间，往往一天要学习十七八个小时。

勤奋的学习充实了他的大脑，却损害了他的健康，一度得了严重的失眠症。

父亲在信中知道了马克思的情况，于是一再写信告诫他，希望他用功不要超过身体承受的程度，还建议他抽出时间去荷兰的姨父家作短期休养。

在姨父家休养之后，马克思对自己的学习进行了调整：他减少了听课次数，却制订了新的自学计划。他这么做除了考虑身体原因，更重要的是他感到多数课程老师讲得很平庸。

就这样，在紧张而有序的学习中，马克思度过了大学的第一学期。

当第二学期开始后，马克思已经完全熟悉并适应了大学生活，他的

德国波恩大学

思想也变得活跃起来。在同学们再三鼓动和推举下，他当上了特利尔同学同乡会的主席。

然而，当上这个主席没几天，麻烦就来了。

同乡会的学生们要经常举行一些活泼热烈的活动，以此释放过剩的精力；也有些学生借此机会发泄对当权者的不满和对贵族阶层的厌恶痛恨。

有一次马克思正和同乡会的同学宴饮，两名警察和学校保卫负责人突然闯进来。

“都别动，老实点！”

两个身材高大的警察大声喊着。

学生们都愣住了，看着警察不知道发生了什么事情。

这时，一个警察又说道：

“我们接到报告，说你们在这里酗酒闹事！你们当中谁是头儿？谁组织的？”

马克思挺身而出，大声说：

“是我组织的，我叫卡尔·马克思，是特利尔同乡会的主席，我想请警察先生睁大眼睛好好看看，我们当中谁喝醉了没有？”

顿了顿，他又说：“当然，我们没有人喝醉！这分明是有人诬告我们！”

两个警察无言以对，朝学校的保卫负责人埋怨两句，气哼哼地走了。

可是挨了训的保卫负责人把火气只好撒到马克思的头上，他对马克思喊道：

“你们现在没醉，不等于就不能喝醉！所以，我要关你的禁闭！”

当天，马克思就被关了禁闭。

在傍晚的时候，几个同学来禁闭室看望马克思。他们告诉马克思，经过调查，是一个贵族出身的学生“出卖”了他们。

因为他们经常说贵族阶层的坏话，引起了那个贵族子弟的仇恨。

有个同学还说，那个贵族子弟前两天还打过一个同乡会的同学。

马克思听完，顿时义愤填膺，大声地说：“我要和他决斗！”

同学们顿时被马克思的豪情感染了，有两个同学溜出禁闭室，又弄来酒菜，他们竟然在禁闭室里畅饮起来。

马克思言出必行，三天后，他与那个贵族子弟进行了一场决斗。

马克思在中学时就喜欢击剑运动，到了大学他的剑术已经很高了。

但是，他的决斗对手更是击剑高手。

决斗刚开始马克思就被对手勇猛的攻势压制住了，只能灵活地退避。没几个回合，他左眼上方就被划了一剑，鲜血立即模糊了左眼。

按说马克思已输了，可对手却不罢手，仍连连进攻，欲趁机重伤马克思。

马克思被激怒了：他不顾伤痛，拼命展开反击，像一头发威的狮子，爆发出无比强大的攻击力。

终于，他把对手刺倒了，获得了最后的胜利，而左眼上的那块伤疤却永远地留了下来。

就这样，浪漫而富有刺激性的第二学期又结束了。

1836年暑假，马克思谢绝了同学约他去外地旅游的邀请，决定返回家乡度过。

他为什么这样急切地返回家乡呢？

因为他此时心中已经有了一个小秘密：燕妮，她好吗？

私订终身

燕妮怎么还不来？

马克思焦急地向那条小径张望着，他期待着那美丽的身影早点出现。

是的，他比以往任何一天都急切地想见到燕妮，因为他决定就在今天向自己心爱的姑娘表白自己的爱情。

可是，燕妮却迟迟不来！

他们昨天约定今天下午见面，可现在太阳已经西斜，再过一会儿就傍晚了。

燕妮啊，你怎么还不来？你知道我的心是这样热切地等待着你吗？

这是个好天气：摩塞尔河水仿佛也比每天流得欢快，天空是这样的湛蓝，树林是这样的寂静；连那些小鸟也像为他们提前祝福，在叽叽喳喳叫个不停。这是一个多么重要的日子啊。

燕妮还是没有来！

马克思望得都有些累了，但仍然没有收回目光。他的心中的火焰随着时间的流逝正一点点地变得黯淡。

太阳好像有意与这个痴情的小伙子作对，今天下山的脚步特别快，不知不觉间，已经到了傍晚。

连小鸟的叫声都透出了疲惫无奈，河水的欢歌仿佛是对他痴情的嘲笑。

为什么？燕妮为什么不来？

马克思终于收回了目光，有些失意地在河边的草地上坐下来，轻轻地叹了口气：是不是燕妮根本不爱自己？以前那所有的一切都是自己的错觉呢？

自从这次他从大学放假归来，便经常去燕妮家，或偷偷地约了燕妮出来，他们在河边散步，在林内交谈，两颗青春的心一次次碰撞：在他看来他们已经相爱了。

所以，他决定今天鼓起勇气表白自己的爱情。然而，燕妮竟迟迟不来，让他炽热的心一点点冷却。

太阳落山了，余晖斜照在草地上，照在有些失魂落魄的马克思的身上。他正把一粒粒小石子投进河里，发泄着心中的失望、委屈和痛苦。

他知道燕妮肯定不会来了：她一定觉察出自己对她的感情，她是以回避进行拒绝。

是啊，她出身名门望族，又那样贤淑美丽，能爱上自己这个前途未卜的大学生吗？是的，以前的一切不过是纯洁的友谊，是自己自作多情了。

马克思终于做出了决定：如果天黑之前燕妮还不来，他就离开这里，并且永远也不再去见燕妮。

夜幕低垂，周围的一切渐渐地变得模糊起来。天，无情地黑下来了。

马克思缓缓地站起身，他想离去了，但双脚怎么也迈不动，望着河水，他对自己说：“她不会来了，可你难道不能再多坐一会儿吗？”

说着，他又坐下来，心中作了决定，等月亮升起来就回家去。

这真是个迷人的仲夏之夜，等月亮升起来时，周围的景色变幻出神奇的美丽来。但是，马克思已经黯然神伤，无心观赏这一切了。

燕妮像

他终于站起来，慢慢地走离河边，突然他停住了，他闻到了一股熟悉的馨香。

他举目向前望去，见一个美丽的身影正急急地走来，身披一身月色，袅袅婷婷如仙女下凡。

是燕妮!

马克思没有迎上去，而是木桩似的钉在那里，

凭泪水涌出眼眶。

燕妮很快飘到他面前，她换了一身新裙子看上去那样娴雅俊秀，目光有几分欣喜，几分羞涩，几分激动。由于走得急，丰满的胸脯在微微起伏着。

轻轻地，燕妮握住马克思的手，柔声说：

“我知道，不见我，你决不会离开这儿……”

她的话竟让马克思感到一阵惭愧。

她的手有些凉，他把另一只手盖在她的手上。然后送给她一个含泪的却是欣喜的微笑。

燕妮好像没觉察他流泪，说：

“我哥带回几个大学同学，他们都混迹官场，在我家里吃饭又跳舞，让我自始至终地陪着，我实在脱不开身。卡尔，原谅我……”

马克思正要说话，燕妮又说：

“我知道我哥的意思，他是想让我在那几个人中选择一个人生伴侣……”

“那你的意思呢？”

马克思脱口问了一句，目光灼灼地盯住了燕妮。

燕妮却避开他的目光，悠悠地说：

“我的心只属于一个人，他虽然不是贵族出身，家中也没有太多的金钱，但他是个有抱负、有学识的好青年……”

这一刻，听了燕妮的表白，马克思的激动是难以言喻的。他握紧了燕妮的手，动情地说：

“燕妮，做我的妻子吧，让我承担起照顾你一生的责任。”

这正是燕妮此时此刻需要听到的话。

她娇羞地点了点头，然后便轻轻地吻了吻马克思的手……

月亮害羞似的躲进了云层。

加入黑格尔学派

马克思与燕妮私订终身时，他十八岁，燕妮二十二岁。两个人定情不久，马克思就向父亲吐露了这一秘密，他想在征得父亲同意后，正式向燕妮一家求婚。

父亲知道他们相爱很高兴，说燕妮是个难得的好姑娘，但不赞成马克思这么快去向男爵一家求婚。他告诉马克思，男爵夫妇虽然没有贵族式的偏见，可也希望通过婚姻为燕妮找到一个美满的归宿，仅凭马克思本人现在的条件，男爵一家未必会答应。

大学时代的马克思

父亲教诲儿子，还应该专心地完成学业，婚姻的事可以放一放，真正的爱情是不怕考验的。

1836年10月，暑假开学的马克思乘邮车只身赶赴柏林——父亲鉴于他在波恩大学第二学期的“胡闹”行为，决定让他转到柏林大学去学习。

行前，马克思与燕妮依依惜别。他告诉心上人，他会经常写信给她。就这样，他的心有些痛，又有些乱，离开了燕妮，又开始了紧张的求学生活。

柏林是普鲁士王国的首府，比波恩更繁华。柏林大学没有波恩大学那种浮荡气息，是当时堪称校风严谨的世界名牌大学。

进入柏林大学后，马克思不仅选修了许多法律专业的课程，而且还旁听哲学、历史等其他专业的课程。

但是，一个学期之后，他发现一些教授徒有虚名，讲的课一点也没有创新，只会照本宣科。失望之余，他又像在波恩大学那样埋头自学起来，除非几个有真才实学的教授讲课他才去听。

学习很累，也很苦，可马克思心里却很甜，因为他在心里珍藏着燕妮。

在学习之余，他就给燕妮写信，更多的是情诗，一首又一首，仅第一年里，他就寄给燕妮三本诗集。

马克思也不断地收到燕妮的回信，燕妮在字里行间流露出的真挚的爱情，成为他学习的动力。

1837年3月，马克思不得不正式向燕妮一家求婚了。因为燕妮来信告诉他，他哥哥竭力要撮合她与一个贵族子弟恋爱，并且得到了父母的支持。

马克思立即返回家乡，向男爵一家提出求婚，并得到了父母和姐姐索菲亚的支持。然而，求婚并不顺利：男爵一家开始并未同意，只说考虑一下，几天后，燕妮因此而病倒了。

男爵夫妇见爱女为了纯真的爱情宁愿牺牲一切，便只好同意女儿的请求，但要求这对有情人在马克思毕业后才能举行婚礼。

燕妮转忧为喜，立即把这好消息告诉了马克思，她说：“那样我们还要等上漫长的七年，你能等吗？”

马克思握紧了燕妮的手，深情地回答：“当然能等，我相信我们的爱情能够经受住任何磨难与考验！”

就这样，马克思心中的一块石头落了地，带着燕妮的牵挂，又返回了大学。

由于对燕妮的爱，马克思在1836至1837年上半年，对文学产生了浓厚兴趣，他除了写大量的诗篇，还创作了小说《蝎子与弗里克斯》和剧本《奥兰尼姆》。

当与燕妮正式订婚之后，他的热情逐渐冷却，那种情感发泄的渴望也不那么强烈了，因为他必须正视现实，冷静地审视自己的学业。

他经过一番认真的思考，认识到自己在文学方面难以有大的突破，搞文学创作不过是一时心血来潮，他真正的兴趣和主要研究领域仍然在社会科学方面。

于是，在1837年下半年，马克思把主攻方向转向了自己所钟爱的哲学——不自觉地，他已经违背了父亲让他钻研法律的意愿。

当然，他还不忘给燕妮写情诗——这已与致力文学无关了。

一旦选准了主攻方向，马克思学习起来就特别勤奋和刻苦。他除了给燕妮写诗——他看作一种特别的休息，几乎把所有时间都用在了学习上。

他甚至闭门谢客，几乎断绝了与外界的来往，有人甚至说他变得冷漠和孤僻了。

马克思这一时期阅读的书籍非常丰富，已大大超过了教授们布置的参考书的范围。他对哲学的研究也越来越系统深入，先后精心研读了康德、费布特、伏尔泰和卢梭等人的哲学思想。

由于他用功过度，身体又受到严重损害，1838年春天，他不得不遵医嘱，到柏林附近的一个小渔村去疗养。

由于医生禁止马克思读书，他来疗养时便没带来什么书籍，可对于马克思来说，不读书甚至比生病更痛苦，随着身体的恢复，他读书的愿望愈发强烈了。

没书读怎么办？他只好去借。

在这个小渔村还住着一些来疗养的青年黑格尔派的成员，马克思与他们结识，并从他们那里借到了黑格尔的著作。

读黑格尔的书，让马克思非常振奋：他发现了一个令人振奋的朝气勃勃的世界，特别是黑格尔关于自然、社会和精神世界总是处在不断运动、变化和发展中的观点给了他巨大的启迪。

因此，读书之余，马克思也自愿去参加这些青年黑格尔派成员的一些活动，并成为其中的一名成员。

博士论文

青年黑格尔派是怎么回事呢？

这还得从黑格尔说起；

黑格尔到1837年，已经死了六年了，他是德国著名的唯心主义哲学家，古典哲学的集大成者，曾在海德堡大学和柏林大学任哲学教授。他去世的前一年（1830年），被当局任命为柏林大学校长。

黑格尔的哲学也被推崇为普鲁士的国家哲学，因为他的哲学体系是客观唯心主义，把整个世界看作是“绝对观念”的体现和发展；而这个“绝对观念”其实就是上帝的代名词，从这一点讲，黑格尔把普鲁士的封建专制统治和束缚人们思想的基督教就说成是合理的、必然的，也就得到了统治阶级的赞扬。

黑格尔

在黑格尔死后，由于国内各派政治力量的发展和矛盾的激化，黑格尔学派迅速解体，形成了顽固守旧的老年黑格尔派和激进民主的青年黑格尔派。

这两大学派的斗争实质上体现了资产阶级与封建保守势力的尖锐对立。

马克思接受了黑格尔的哲学，并欣然进入青年黑格尔派，是因为他发现了黑格尔哲学中埋藏于保守体系中的丰富的辩证法思想。

从小渔村疗养回来，马克思便积极参加

了青年黑格尔派的一些活动，成为其中坚组织“博士俱乐部”的一员。

博士俱乐部是由持青年黑格尔派观点的大、中学教师和博士组成的学术团体，该组织的精神领袖是柏林大学神学系讲师鲍威尔——一位学识渊博、思想激进的战斗的无神论者。

马克思是博士俱乐部最年轻的成员，可他那敏锐深邃的思维及无畏的献身精神，给其他人都留下了深刻印象，甚至赢得了鲍威尔的钦佩，马克思很快与这个头面人物成为朋友。

自从马克思加入青年黑格尔派以后，他决心献身于科学研究事业，毕业后到大学任教，而这一想法是与他父亲的意愿背道而驰的。

为此，父子之间发生了一场争执。争执结果是马克思以充分的理由和耐心的陈述说服了父亲；而最根本原因是父亲并非是一个固执守旧的人。

1838年初，操劳一生的父亲病倒了，到5月间，马克思闻讯急返家乡，不久父亲就去世了，享年六十一岁。

对于父亲的去世，马克思极其悲痛，父亲是他的启蒙老师和人生知己，他是在父亲慈爱的阳光下长大成人的。最让他心中不安的是他违背了父亲的意愿，这也许是加重父亲病情的一个原因。

父亲去世了，全家人物质生活出现了危机，母亲要一人挑起家庭重担，用微薄的收入来抚养子女们。

母亲不能理解马克思对哲学的选择，仍然劝他学好法律，将来当一名律师。可是，马克思没有答应母亲，他想尽快完成学业，毕业后到波恩大学谋个副教授的职位。

1839年初，马克思开始准备他的博士论文。这时他学习任务更重了，而由于丧父，生活费也下降了，他只好闭门不出，埋头苦学。

这一时期，马克思全面研究了黑格尔哲学，而后又系统研究了古希腊哲学。

经过认真分析研究，他写了七大本笔记（即“柏林笔记”），初步确定了博士论文的命题和基本观点。

1841年春天，马克思完成了他的博士论文，名为《论德谟克利特的自然哲学与伊壁鸠鲁的自然哲学的差别》。

怀着对未来岳父及儿时良师威斯特华伦男爵的无比崇敬之情，马克思把这篇博士论文献给了男爵。献词是这样写的：

我敬爱的父亲般的朋友，请您原谅我把我所爱慕的您的名字放在一本微不足道的小册子的开头，我已完全没有耐心再等待另一次机会来向您略表我的一点敬爱之意了。

我希望一切怀疑理念的人，都能像我一样幸运地颂扬一位充满青春活力的老人。这位老人用真理所固有的热情和严肃性来欢迎时代的每一个进步；他深怀着令人坚信不疑的、光明灿烂的理想主义，唯有这种理想主义才知道那能唤起世界上一切心灵的真理；他从不在倒退着的幽灵所投下的阴影前面畏缩，也不被时代上空常见的浓云迷雾所吓倒，相反的，他永远以神一般的精力和刚毅坚定的目光，透过一切风云变幻，看到那在世人心中光明的九重天，您，我的父亲般的朋友，对于我永远是一个活生生的证据，证明理想主义不是幻想，而是真理。

博士论文写好了，可到哪里去申请博士学位呢？

柏林大学进行论义答辩程序相当复杂，还需要花不少钱；而且讲坛已控制在反动保守势力的手里了，马克思不愿让自己的论文受到他们的嘲弄与玷污。

经过再三考虑，马克思把论文送到了政治空气较为自由的耶拿大学。主持鉴定工作的哲学教授巴赫曼对这篇论文大加赞赏，认为马克思“才智高超，见解深刻，学识渊博”，于是未经进一步考试，就授予了马克思博士学位。

1841年4月15日，马克思终于拿到了博士学位证书，此时他年仅二十三周岁。

博士俱乐部的朋友们都向马克思表示祝贺，并希望他以后能取得更辉煌的成就，一位政论家在给友人的信中说：

你应准备结识一位最伟大的哲学家马克思，或许他是现在活着的唯一真正的哲学家。他将在报刊和讲坛上崭露头角，并将很快就把德国的目光吸引到自己的身上。

好事多磨

两个相爱的人的分离，就是痛苦的煎熬。

现在，这种煎熬终于结束了。

1841年4月下旬，马克思拿着博士证书兴冲冲从柏林返回家乡——而他的心早已飞到了燕妮身边。

他决定这次回来便和心上人结婚，永不分离！

当天他直接来到了燕妮家里，受到了燕妮全家热情款待。

燕妮亲自把马克思的博士证书递给父亲威斯特华伦看，美眸中充满了自豪与幸福。

“噢，我的孩子，祝贺你获得了博士学位，我们为你、为燕妮感到高兴。”

男爵被疾病折磨得瘦削而苍白的脸上露出欣慰的笑容，又说：

“我是个说话算数的人，你们可以举行婚礼了。我和我的家人也为你们的爱情能经受住时间的考验而高兴。”

听了男爵的话，燕妮一下子握住了马克思的手，激动地说：

“卡尔，我们终于盼到这一天了，我太高兴了。”

“我的孩子，别光顾高兴啊，去准备晚餐吧，我要和卡尔喝两杯，是的，让医生的话见鬼去吧，生命只要属于我一天，我就要活得自由而快乐！”

听了父亲的催促，燕妮只得松开马克思的手，带着幸福的微笑奔进厨房去了。

虽然家中有管家琳蘅料理一切，但燕妮还是愿意亲手为心上人做几个菜。

这天晚上，马克思在燕妮家吃过晚饭，便高高兴兴地回到家中。

家里只有母亲在收拾餐桌，姐姐妹妹都不在屋里。

马克思放下提包，兴奋地说：

“妈，我毕业了，获得了博士学位。”

说着，取出博士证书递到母亲面前。

母亲用围裙擦净了手，接过证书认真地看了看，原本泛起的笑容很快消失了。她把博士证书放到一旁的茶几上，继续干活儿，说：

“我很失望，想不到你得到的不是法学学位，而是哲学学位。你违背了你父亲的意愿，也把我的叮嘱当成了耳旁风。”

说着，母亲像疲惫似的坐到桌边，深深地叹了口气，又说：

“我还指望你改善家庭生活，现在你让我说什么呢？”

看着因过度操劳而日渐消瘦的母亲如此伤心，马克思心中一绞一绞地疼，但他无言以对。

此时，他又处在了人生的十字路口上：是去谋求一份待遇优厚的官职呢？还是继续从事具有风险的十分清苦的科学研究事业？

母亲没有错。母亲是面对现实，在母亲看来马克思当律师或谋求官职，都强于他去学校教书。

沉默半天，马克思还是说了要和燕妮结婚的想法，但母亲的回答却让他这一打算落空了：

“钱呢？除非你自己弄到钱，我要和你的姐姐妹妹商量，应该拒绝分给你一份遗产！”

马克思没有与母亲争辩，他默默地从家里走出来，孤独而落寞地在街上徘徊，徘徊。

这一晚，他彻夜难眠。

他知道如果听从母亲的话，去谋求官职，他还会得到那份遗产，也会得到家里支持，让他与燕妮完婚，但是他如何甘心放弃理论研究工作和为全人类谋福利的科学事业啊。

次日，马克思把燕妮约到他们经常光顾的河边。

“怎么了？你好像不太开心啊？”

燕妮小心地询问。

马克思握住了燕妮的手，说：

“亲爱的，告诉我：你是希望我去追求高官厚禄呢，还是希望我去做对人类有益的工作？”

燕妮忽闪着美丽的大眼睛，定定地盯着他说：

“当然是后者。我很赞赏你的抱负和你的才华。我不希望我所爱的人是个胸无大志、追名逐利的庸人！”

顿了顿，又说：“如果我看重官位与金钱，我当然不会选择你。卡尔，这一点你应该深信不疑，为什么还要问我呢？”

马克思轻轻地把燕妮揽在胸前，说：

“谢谢！我不会再问这个愚蠢的问题了。不过我要告诉你：我家里因为我违背了父母的意愿，并不支持我现在与你结婚。可我不会改变我的选择。”

“那你打算怎么办？”燕妮轻声问。

“我想等获得副教授职位后再结婚。”

燕妮抬起脸，幽幽地说：

“如果仅仅因为没钱，我们没必要推迟婚期啊。”

马克思微笑一下，说：

“可是我能够两手空空地娶你吗？相信我吧，亲爱的，我们一切都会好起来的。”

燕妮理解了马克思，答应可以推迟婚期。

几天后，马克思离开家乡，带着燕妮的期待与企盼来到波恩。

他要找从柏林大学转到波恩大学已经成为副教授的好友鲍威尔，想通过鲍威尔帮忙在波恩大学获取副教授职位。因为鲍威尔在离开柏林大学前曾希望马克思能到波恩大学与他共同发展哲学事业。

但是，个人的命运总是与国家和民族的命运联系在一起的。马克思来到波恩大学，见到鲍威尔时才得知，学校已经禁止他在大学讲课，原因是反动政府的干预。

原来1840年普鲁士换了新国王，比老国王更加专制霸道，公开表示决不实行立宪改革，甚至连任何批评当局的言论也不许发表，对自由民主运动进行疯狂镇压。

而鲍威尔因其新作《符类福音作者的福音史批判》而开罪反动政府，招致打击。

鲍威尔自己的副教授职位眼看不保，马克思的求职之梦即告破灭；他的博士证书成了别人眼中的一张废纸。

谋职不成，婚事也就难成。马克思只好给燕妮写信，让心上人继续耐心等待。

政治处女作

通向大学讲坛的路被堵死了，马克思不得不为谋职而奔波。但他仍然在埋头苦读，研究一些学者的著述。

令马克思兴奋的是，恰在这时费尔巴哈的《基督教本质》一书出版了，他很快把这部著作读完，感到获益匪浅。

费尔巴哈是德国唯物主义哲学家，早年曾在爱尔兰根大学执教。

他的历史功绩是在德国恢复了唯物主义的权威，认为自然是离开人的意识而存在的，思维是存在的反应，人是自然的产物，空间、时间和运动是物质存在的形式，人能够认识客观规律等等，从而正确解决了物质和意识的关系问题。

但费尔巴哈对待黑格尔主义的态度却是不科学的，他虽然成功地摧毁了黑格尔保守的哲学体系，但同时也抛弃了黑格尔哲学中的精华部分——辩证法。

费尔巴哈的著作对青年黑格尔派中的许多人影响很大，马克思也不例外。他开始潜心研究费尔巴哈的著作，共写了五本研究笔记（即“波恩笔记”）。使他的思想进一步充实成熟起来了。

既然政府不让马克思给学生讲课，他决定给政府“讲课”。

有一天，鲍威尔来看马克思。马克思就对鲍威尔说：

“我打算咱们共同编辑出版一本新的哲学杂志，借此来发表咱们不能在讲台上宣传的理论。我发现当局对科学报刊的重要性还认识不足，审查也不严，我们要更好地利用这一阵地。”

鲍威尔一听，立即表示赞同，说：

“很好！我们可以让这个新杂志成为一面旗帜，团结动员起一大批进步的学者，向宗教和黑暗的社会势力发起猛烈的进攻！我看这个杂志就叫《无神论文库》。”

马克思为他的想法能得到鲍威尔支持而高兴。他虽然步入哲学领域好几年了，学识也得到了公认，可却未公开发表过文章，他太想有个让他大展身手的阵地了。

于是，在与鲍威尔谈话之后，马克思就认真地为办杂志准备起来。可是，过了不长时间，鲍威尔突然来找马克思，说办杂志的事情应该暂停。

“原因是这样：你知道《哈雷年鉴》这本刊物吧？”

鲍威尔对马克思陈述停办的理由：

“它的主编叫卢格，现在受到政府迫害，已经去了国外，他刚刚与我取得联系，要在国外继续办刊，并改名为《德国年鉴》，决定转向激进的人道主义立场，高举起为争取自由、反对敌对政权而斗争的旗帜。我想卢格的观点与我们接近，我们可以借助他的《德国年鉴》发表文章，没必要另办刊物。”

马克思觉得鲍威尔的话有道理，就说：

“我同意你的意见。”

鲍威尔说：

“那么，我想请您与我合写一本书，名字我已经想好了，就叫《对黑格尔末日的宣告》。”

马克思点了点头，说：

“好吧，我愿意与你并肩作战。”

由于马克思早有准备，他对该书要写的部分进行得十分顺利，一点也没耽误该书出版。

《对黑格尔末日的宣告》是一部震撼人心的战斗檄文，其矛头直接指向宗教蒙昧主义和旧的封建秩序，因此出版后在社会上引起强烈反响。

但该书也有不足之处：由于语言和笔法隐晦，一般读者抓不住其要领。为此，鲍威尔和马克思决定再合写一个续篇。

1842年初，鲍威尔把自己写完的部分续篇文稿寄给了出版商，并催促马克思赶快交稿。

但马克思的答复却让鲍威尔有点不高兴：身体欠佳，需等些时日。

可鲍威尔终于等不及了，他只好把自己写的几章单独出版了，遗憾的是没有马克思的合作，这本书在理论和观点上都没有什么突破。

那么，马克思真的是“身体欠佳”吗？说他“心情欠佳”或许更为确切。

原因是马克思1842年1月就返回了家乡。他闻知燕妮的父亲病重，特意赶回来照顾这位慈父般的朋友。

马克思的精心照顾和医生治疗，包括燕妮的泪水，都没能让男爵痊愈，3月3日，这个令人尊敬的老人与世长辞了。

燕妮及家人悲痛欲绝，为了安慰燕妮，马克思陪伴她在家乡住了一段时间。

但这并不是马克思中断与鲍威尔合作的主要原因。

主要原因是这一时期马克思的思想正发生着一个飞跃，他开始把哲学与政治问题直接联系起来，而鲍威尔却迟迟迈不出这一步。因此马克思觉察到自己与鲍威尔在许多重大问题上看法不一致。为了不损害两人的友谊，他只能以“身体欠佳”为借口中断合作。

从中断与鲍威尔合作，也可以看出马克思此时已经逐渐与青年黑格尔派分离了。

他认为对普鲁士国家仅限于哲学上的批判是远远不够的。哲学家更应该直接参加到火热的政治斗争中去。

恰在此时，新国王为了造成民主自由的假象，缓和尖锐的阶级矛盾，同时更有效地控制舆论，维护封建专制王权，颁布了一项新的书报检查令。

马克思以他敏锐的政治洞察力立即看出这个法令的欺骗性和虚伪性，便决定对其进行严肃的批判。

1842年初，马克思在书报检查令新颁布不久，就写了一篇政论文章

《评普鲁士最近的书报检查令》，对统治当局的虚伪面目和险恶用心进行了深刻的揭露和批判。

这篇文章是马克思的政治处女作，他一生著作浩若烟海，可直到晚年仍对这篇文章感到骄傲。

主编《莱茵报》

马克思是1842年10月接任《莱茵报》主编，1843年3月17日声明退出《莱茵报》。他为该报撰稿到最终退出只有一年时间，而其中担任主编的时间仅为五个月，这在他的一生中是短暂的，可在他的政治生活和世界观发展过程中却是一个极为重要的时期。

因此我们有必要对他这段生活情况作个了解。

《莱茵报》是1842年1月1日创刊的，是由莱茵省两个大资本家出资筹办的，他们企图用这家报纸来维护莱茵地区工商界的经济利益和政治权利。

《莱茵报》所在地的科伦是德国最大城市之一，也是莱茵省的经济中心，在此之前，科伦已有了较有影响的《科伦日报》。

普鲁士当局一开始就对《莱茵报》有戒心，可为了让它对抗天主教派报纸《科伦日报》，还是容忍了它的存在。

《莱茵报》的股东们最初只想把它办成一个带有温和的自由主义倾向的报纸，主张只发表有关经济研究的论文，可是报纸的两位主要出版负责人却是青年黑格尔分子，他们通过坚决斗争，把温和的自由派的主编赶下台。

就在这时，马克思把目光投向了《莱茵报》。

马克思写完那篇政治处女作后，就寄给了国外的卢格，希望能在《德国年鉴》上发表，但《德国年鉴》的检察官禁止发表这篇文章，卢格只好把它载入一部《轶文集》，定于次年在瑞士出版。

这一出版时间太长了，怎么能满足火热的政治斗争和急剧发展的形势的需要呢？马克思决定在日报上发表文章——《莱茵报》吸引了他的注意力。

1842年秋天，马克思向《莱茵报》推荐了一位主编，是青年黑格尔分子鲁滕堡。由于马克思在青年黑格尔派中的威望，他的提名得到报纸的接受。因为这时，在那个原主编被赶下台后，《莱茵报》实际上已成了青年黑格尔派的报纸。

但鲁滕堡的才智学识难以胜任主编一职，人们很快对他失望了。

马克思1842年4月起，就亲自为《莱茵报》撰文，到这年8月，他已经成了该报实际领导者。他除了撰写在市民中引起巨大反响的文章，还为报纸出版出谋划策，提出了"不要让撰稿人领导报纸，而要让报纸领导撰稿人"的指导思想。

鉴于马克思显示的卓越才华和非凡的组织能力，1842年10月，他被该报股东们正式委任为主编，并迁居到科伦。

马克思接任主编之后，《莱茵报》面貌很快焕然一新，变成了一份与封建专制制度坚决斗争的革命民主主义的报纸，因此受到广大民众和进步人士的热烈欢迎，发行量持续增加。

股东们有些不安了，可报纸有了知名度，发行量增加了，他们的经济收入变得十分可观，也就未对报纸提出什么异议。

马克思一面主持报纸全面工作，一面刻苦攻读，钻研理论问题。他还先后在报纸上发表了《关于出版自由和公布等级会议记录的辩论》《关于林木盗窃法的辩论》和《摩塞尔记者的辩护》等文章，本着捍卫真理、维护人民群众利益的原则，与政府进行了坚决的斗争。

正如马克思预想的，普鲁士这样一个专制国家是不可能允许一份具有革命倾向的进步报纸长期存在的。随着《莱茵报》的影响日益扩大，统治当局的不满和恐慌也与日俱增。

特别是马克思陆续发表的一系列政论文章，更让政府官员如芒刺在背，寝食难安。

1842年12月底，政府向《莱茵报》发出了一个挑战信号：把在《莱比锡总汇报》上发表革命文章的海尔维格驱逐出境，并查封了该报。

就在挑战信号发出不久的1843年1月21日，普鲁士政府召开内阁会议，决定对《莱茵报》实施查禁。

《莱茵报》主编

但这一决定激怒了广大订户，也严重影响了股东们的利益。于是几千人联名向当局提出抗议，一些农民也纷纷上书请愿，要求当局撤销这一无理决定。

普鲁士政府为了不引发更大的反对浪潮，改变决定，允许《莱茵报》再发行三个月，条件是必须接受书报检察官和警察局的双重检查。

股东们总算松了一口气，他们出于维护自身利益的考虑，都抱怨马克思不该办报具有革命倾向，要求降低报纸的政治调子，以维持生存。

马克思不想妥协和退让，他决定退出《莱茵报》。

马克思退出《莱茵报》的第二天书报检察官就得意地说：

“今天的风向全变了。昨天报社的精神领袖、灵魂终于辞职了。我们非常高兴，今天的检查时间仅是平时的四分之一。但我们应该知道，马克思是不会屈服的，他宁愿为他的观点去死，因为他坚信他的观点是真理！”

结 婚

克罗茨纳赫是德国的一座小城，它之所以能够闻名于世，也许就因为一对伟大的情侣在此举行了婚礼。

这对伟大的情侣就是马克思与燕妮。

他们怎么不在家乡特利尔举行婚礼呢？

原因是马克思仍然得不到家里的支持，他本人又没多少钱，办不起奢华体面的婚礼，更不想让邻居对燕妮说三道四，便决定到克罗茨纳赫旅行结婚。他们要喜欢追求一种清新圣洁的气氛。

结婚的想法是马克思在科伦写信告诉燕妮的，燕妮接到信后就开始了紧张的准备，她知道马克思囊中羞涩，便拿出了自己为数不多的积蓄。

燕妮像

筹备自己的婚礼虽然感到有些累，可心里总是甜蜜蜜的。马克思在选购物品方面是个外行，所以筹备工作只能由燕妮一个承担了。

1843年5月中旬，马克思从科伦经特利尔来到克罗茨纳赫与燕妮会合。这时，他已经从《莱茵报》退出，又成了一个自由人。

终于又见到了日夜思念的心上人，看着为结婚忙碌的燕妮，马克思心中充满了怜爱。

1843年6月19日，这对有情人终成眷属，举行了婚礼。婚礼十分简朴，来祝贺的亲属只有燕妮的母亲和弟弟埃德加尔。

埃德加尔是马克思儿时的玩伴，中学时的同学，他一直很崇拜马克思，曾大力支持燕妮和马克思结合。

虽然婚礼很简朴，但一对新人心中却充满了甜蜜与幸福。漫长的苦恋终于有了结果，他们的爱情经历了多少考验啊，这一天真是来之不易。

对于马克思来说，燕妮是大自然赋予他的最美的赠礼，值得他一生去珍爱、珍藏。

而对于燕妮来说，她与马克思结合就意味着从此与贵族生活分离了，但她心甘情愿，她觉得从此能与心上人朝夕相守，并能给他事业提供帮助，是她莫大的幸福。

新婚后的几周应该说是马克思与燕妮一生中最为幸福的一段时光了。

几周后，他们作了一次蜜月旅行，先后游览了爱贝尔堡、普法尔茨、巴登及附近等地区。

旅行归来，他们继续在克罗茨纳赫居住。这期间，马克思理论研究工作一直也没停，他写成了《黑格尔法哲学批判》，还阅读了许多文艺复兴和启蒙运动时代以来重要思想家的著作，共写了五本笔记（即著名的《克罗茨纳赫笔记》）。

由此可知，马克思并未完全沉醉于新婚的幸福里，反而新婚的甜蜜更增加了他的工作热情。

对此，燕妮从未有过任何委屈和怨言，反而为丈夫忘我的工作精神和从事的伟大事业感到光荣和自豪。她在操持家务之余也积极地读书学习，她不想在未来的生活中只当贤妻良母，更希望在事业上给丈夫以必要的帮助。

他们蜜月旅行回来不久，一位不速之客来到了他们家。

马克思认出来这位老者是父亲的一个老朋友，名叫埃塞尔，官职是枢密参事。

“卡尔，请允许我这么亲切地称呼你，而不是叫你尊敬的马克思博士。因为你知道，我和你父亲是好朋友，可以说你就像我自己的孩子一样，不是吗，卡尔？”

老者一见到马克思就这么说。

马克思热情让座，燕妮把一杯果汁，送到了老人的手里。

老人呷了口果汁，看了看屋里的陈设，又说：

“我简直难以相信，你们居然住在这么简陋的房子里，而且家具也如此简单，这并不符合你作为了不起的博士的身份。”

燕妮好像有些不爱听了，说：

“敬爱的先生，你难道没看出我们生活得非常幸福吗？谁说居住在简陋的房子里就不幸福呢？”

老人笑着点头，打量着燕妮，说：

“多么高雅美丽而又聪慧的夫人啊！而你背叛贵族的精神更令人钦佩！不过，现实是残酷的，你们可以成为精神的富翁，若再加上丰厚的物质待遇，不更好吗？”

马克思已经隐约猜出这位老人的来意，就说：

“尊敬的埃塞尔先生，您恐怕不是单纯来对我们新婚表示祝贺的吧？”

“当然，我现在可以说明我此次来的真正目的了。我受到内务大臣的委派，专程来聘请你去政府担任要职。作为你父亲的好朋友，我为他感到自豪，也为你们感到由衷的高兴。内务大臣让我转告你，他可以保证你以后飞黄腾达！他非常欣赏你的才华！”

马克思看了看燕妮。

燕妮轻蔑地笑了笑。

马克思对老人说：

“很抱歉，我只能让内务大臣失望了。我认为人生最宝贵的事情是探寻真理，对高官厚禄我不感兴趣！”

老人淡淡一笑，说：

“我想到了你会这么说，可是……”

他投目燕妮，又说：

“尊敬的夫人，你也这么认为吗？你就不想改变你们的生活条件，再过上贵族生活吗？”

燕妮嫣然一笑，说：

“我早就厌倦了贵族生活，能够陪伴卡尔从事最崇高的事业，我感到莫大的幸福与骄傲！”

就这样，夫妻坚决地拒绝了政府的聘请。不止这一次，在以后的几十年中，不论他们的生活多么艰难贫困，面对统治当局一次次高官厚禄的诱惑，他们从未动过心。

迁居巴黎

马克思拒绝政府的聘请没几天，他就接到了卢格的来信，他们的“商谈”有了实质性的结果，他知道出国的时候到了。

卢格是小资产阶级民主主义政论家，青年黑格尔派分子，青年时代就因投身进步学生运动，被政府关押六年之久。出狱后到大学任教，因与一位富家女子结婚而过上富裕生活。

卢格创办的《哈雷年鉴》被查禁后，他到境外主编《德国年鉴》，但1843年1月3日，他所在的萨克森政府在普鲁士政府的压力下，又查禁了《德国年鉴》。

于是，卢格去了法国巴黎，准备在巴黎创办杂志。

卢格和马克思一直有通信联系，马克思也十分关注他创办杂志的事情。

在刚刚寄给马克思的这封信中，卢格告诉马克思：在巴黎创办杂志的事情已经确定下来了，并根据马克思的意见，该杂志定名为《德法年鉴》。卢格邀请马克思尽快为杂志准备文章，并保证每年付给马克思6千塔勒薪俸。

马克思给燕妮看了卢格的来信，然后说：

“我想和你商量一下，亲爱的，看我们能否迁居巴黎。我已经看透了政府当局的反动面目，在国内不可能有效地进行革命宣传活动。”

燕妮笑了笑，说：

“我当然会支持你的决定。因为我知道，你与我结婚，就是不想再让我们承受分离的相思之苦，而你早就想到国外去从事理论研究和政治宣传了，对吗？”

马克思笑了笑，把燕妮拉到身边，轻抚着爱妻的手，说：

“你能支持我，我很高兴。好在现在条件已经成熟了，只是你已经怀了孕，我实在不忍心让你长途奔波啊。”

燕妮轻偎在丈夫的肩头上，柔声说：

“不要紧的，只要我们在一起，还有什么困难不能克服呢！”

1843年10月底，马克思偕夫人燕妮离开克罗茨纳赫，迁居到巴黎。

初到巴黎，马克思和燕妮立即被这座历史悠久的文化名城的风貌吸引住了：这里不仅有宏伟华丽的现代化建筑设施，还有众多的名胜古迹，像卢浮宫、凡尔赛宫、巴黎圣母院、凯旋门；另外塞纳河畔秀美的风光也让人流连忘返。

然而，在这些华丽的表象后面，他们也看到了巴黎贫困的民众饥寒交迫的生活情景，让他们更加深切地感到，这个世界有多么的不平等。

巴黎与普鲁士比，文化和学术气息更为浓郁，科学研究领域也充满了朝气和活力。这里没有普鲁士那么严格的书报检查制度，具有一定的自由色彩，人们可以公开讨论有关思想、艺术和宗教等方面的问题。

马克思和燕妮到巴黎后，在田凫路一所简朴的楼房里安下了小小的家。这里位于塞纳河左岸，是个小市民居住区。

卢格一家和他们同住一楼。在这个居住区还居住着不少外国的革命者，也有来自德国的流亡者。

马克思夫妇来到巴黎后受到了各国流亡者的亲切友好的接待，因为他们都熟悉马克思主编的《莱茵报》，敬佩他的革命精神和卓越的才华。

最先接待他们并给予热情帮助的是海尔维格夫妇，为了把家安置下来，这对夫妇帮了不少忙。

海尔维格与马克思是老相识了，他是因为写革命文章遭到普鲁士政府驱逐的。他那充满战斗激情的诗篇受到了马克思的赞赏。

燕妮很快与海尔维格的夫人爱玛成为好朋友，因为她们有相似的经历：爱玛的父亲是富有的银行家，可她却甘愿跟随丈夫从事革命活动，并陪伴到国外流亡。

在海尔维格之后，马克思又结识了一位好朋友——诗人海涅。

当海涅由海尔维格陪同来到马克思家里时，马克思夫妇非常高兴。

马克思热情地忙着让座，燕妮则把一杯热气腾腾、芳香扑鼻的浓咖啡递到了海涅手里。

海涅这一年已经四十六岁了，是德国很有名望的革命诗人。他1831年受到政府迫害，流亡到巴黎。

这时，海涅喝了两口咖啡，对马克思说：

“尊敬的马克思博士，我看过你主编的《莱茵报》，也拜读过你的文章，我对你的战斗精神和非凡的才华表示钦佩！现在，你又自觉地加入到我们这些流亡者的队伍中来，与我们并肩战斗，你的献身精神足以博得我们每一个人的尊敬！”

马克思谦逊地笑了，说：

“海涅先生，我想告诉您，我和我夫人都是你诗歌的崇拜者。当我们还在少年时，就听我岳父威斯特华伦男爵朗读过你的诗篇。后来，我们拜读了您的《歌集》《哈尔茨山游记》等诗篇。您知道，能与自己崇拜的诗人相识，我们该有多么高兴啊。”

自此，海涅就成了马克思家的常客。他一来，马克思不管多么忙也会停下笔，与他交谈。

海涅非常敬佩马克思渊博的学识和犀利深邃的思想，更喜欢马克思对他新诗发表意见。

马克思的思想对海涅的创作产生了巨大的影响，提高了海涅的思想境界，使他对社会问题的理解更深刻了，诗歌创作也进入了他一生中的最辉煌时期，以致有了后来的像《时代的诗》《织工歌》《等着吧》和《德国——一个冬天的童话》等著名诗作。

马克思来到巴黎后，一方面筹办新杂志，一方面做着大量的科学研究工作。为了能够批判性地继承人类文化遗产，创立一个能为无产阶级革命斗争提供正确指导的科学的理论体系，马克思还走出家门，亲自参加当时火热的工人运动，考察工人阶级的生活和斗争状况。

在深入工人群众的过程中，马克思还与一些工人组织和外国流亡者的秘密团体取得了联系，接触了德国流亡者的秘密组织”正义者同盟”。

马克思后来之所以能成为伟大的革命导师，这与他亲身参加阶级斗争和科学研究的实践是分不开的。

马克思曾经这样写道：

如果一个有学问的人不愿意自己堕落，就决不应该不参加社会活动，不应该整年整月地把自己关在书斋或实验室里，像一条藏在乳酪里的蛆虫一样，逃避生活，逃避同时代人的社会斗争和政治斗争。

杂志·女儿

马克思来到巴黎的主要目的就是与卢格共同创办新杂志《德法年鉴》，可是刚有点眉目，卢格就病倒了。

这样一来，所有创办杂志的繁重工作就都压在了马克思一个人身上。

为了使这本新杂志既有战斗气息又具有学术价值，马克思倾注了大量精力：他除了日夜奋笔疾书撰写自己的文稿，还向一些著名学者和政论家约稿。

他原来估计法国的战友能有不少稿件，可结果他这一希望却完全落空了。

更让他气愤的是，许多寄来的文章被警察当局偷偷地拆阅了，他知道法国政府并非对他没有戒心。

可困难与挫折吓不倒马克思，反而更加促使他努力地工作。

毕竟巴黎的空气比德国要自由得多；毕竟他身边还有亲爱的妻子日夜陪伴，马克思坚信他一定能办好这本杂志。

1844年2月，《德法年鉴》正式出版了，这是第一、二期的合刊号，上面刊载了马克思在筹办杂志期间给卢格的几封信和他的两篇论文，还有卢格、费尔巴哈等人的书信和文章，以及海涅和海尔维格的诗歌。

马克思在新杂志开篇的信件中直截了当地宣布了《德法年鉴》和德国革命民主主义者的任务：对现存的封建制度和普鲁士专制国家进行了无情地批判。

马克思在新杂志上刊载的第一篇论文名为《论犹太人问题》，对他的朋友鲍威尔在德国犹太人的解放问题上采取的唯心主义立场进行了批判。

马克思在新杂志上刊载的另一篇论文名为《〈黑格尔法哲学批判〉导言》，主要是回答了这样一个问题：哪一种社会力量能够克服政治解放的局限性，并实现人类解放。

从以上这两篇论文可以看出，马克思在自已思想发展的道路上已经迈出了决定性的一步：从青年黑格尔分子，经过费尔巴哈，走向了辩证唯物主义和历史唯物主义，最终完成了从唯心主义到唯物主义，从革命民主主义到共产主义的转变。

这时，我们可以欣喜地看到，马克思已经投身到推翻剥削制度的革命洪流之中；他的生命已经与无产阶级的革命事业和美好壮丽的共产主义理想融为一体了。

《德法年鉴》的出版吓坏了普鲁士政府，立即动用一切手段阻止这份危险的杂志进入普鲁士境内，并下令：如果马克思等《德法年鉴》的撰稿人进入国境立即逮捕！

由于政府的极力阻挠，到达读者手中的杂志只有三分之一，这样一来资金周转出现了问题，使杂志的下一步出版陷入困境。

更出乎马克思意料的是：在危险和挫折面前，卢格怯懦地退缩了。

马克思的大女儿燕妮

卢格的退缩给了新杂志致命一击——没有了资金。他甚至用卖不出去的杂志来代替应该支付马克思的薪金。

对这样的卢格，马克思又能说出什么？

1844年3月，卢格与马克思分道扬镳了。

《德法年鉴》停刊了，也使马克思一家的生活陷入了难以为继的窘境。

正是在这个时候，燕妮的临产期也到了。

5月1日这天，燕妮顺利分娩，是个女孩。婴儿响亮的啼哭驱散了室内的愁云与烟雾；擦着爱妻苍白的脸上的汗珠，马克思眼中噙满激动而欣喜的泪水。

他把女儿小心地抱在怀里，深情地注视着，笑不拢嘴，对爱妻说：

"亲爱的，你真伟大，谢谢你！让我们的女儿也叫'燕妮'吧，我最喜欢这名字啦。"

燕妮报以一个疲惫的却是欣慰的微笑：她理解丈夫的心意。

尽管生活已陷入困境，可马克思不认为刚出生的女儿是生活的负担，而是真正的财富，可以给他们带来无穷的快乐。

可对于刚刚出生的婴儿，贫困的生活环境却不利于她健康成长，小燕妮十分瘦弱，母亲又缺少奶水，更买不起奶粉之类的营养品，怎么办呢？

燕妮只好与马克思商量，由她带女儿先回特利尔老家去，那样女儿还可以得到她家的家庭医生的照顾。

于是，孩子刚满月，燕妮就带女儿返回了老家特利尔。

原本热闹、欢乐的屋子一下子变得空空荡荡了，马克思一连几天静不下心来。他十分牵挂燕妮和女儿，盼着早一天接到燕妮的来信。

很快，燕妮来信了：

卡尔，我敢保证，你已认不出我们的女儿了，只有她那凝神的眼睛和天生像小帽子一般乌黑的头发可以让你认出来。其他的一切全变了，不过越来越明显地像你。

近几天，我给她在汤里加了蔬菜，她吃起来可真香。洗澡时她用手拍水玩，弄得满地满屋是水，可她却用小手指蘸水放在嘴里吮吸……

燕妮曾经号称：“特利尔第一美人”、“舞会皇后”，此次她只身带女儿返乡自然引起了人们的关注。

最让燕妮不能容忍的是有些长舌妇竟背后议论，说马克思一定穷困潦倒，连老婆女儿都养活不起了。

燕妮没有去和那些无聊的妇女争辩，而是每次出门都要精心打扮一番，穿戴上巴黎漂亮时装和首饰，再加上她天生的美貌，更显得优雅高贵，艳丽迷人，俨然一位贵族的夫人。

对此，在给马克思的信中，燕妮写道：

我在每个人面前都显得阔绰，我的外表也完全证实了这一点。有一次我比所有的人都漂亮，我一生中从未像现在这样更好、更光彩。我相信这是给他们最好、最深刻的打击……

在信中，燕妮经常告诫马克思要调节好饮食起居，保养好身体，不能过度操劳。并希望丈夫的事业尽快有转机，并一帆风顺地向前发展。

一天马克思刚看完燕妮的来信，海涅来看望他了。

“燕妮和孩子还好吧？”

海涅一坐下就这么问马克思。

马克思抖了抖手中的信，笑着说：

“她们很好，我女儿已经成了她外婆家的心肝宝贝，正在健康成长，倒是我创办的杂志毫无起死回生希望，成了我一个夭折的‘孩子’。”

海涅笑了笑，说：

“是的，那本短命的杂志花费了你太多的心血！不过，我相信，我接下来要告诉你的这个好消息，会让你感到一丝欣慰。”

马克思点着一支雪茄，吸了一口，说：

“你越是说好消息，我反而越有点担心……”

海涅说：

“你知道吗？《前进报》换了主编，它可以成为我们的用武之地了。这难道不是好消息吗？”

《前进报》

《前进报》是由一个德国商人创办的，时间是1844年初，每周出版两期。

在创刊之初，原来的主编政治倾向保守，还曾发表过诽谤《德法年鉴》的文章，而报纸发行量却很少。

商人办报目的当然是为了赚钱。因此，同年5月，换上了一个激进的民主主义者当主编，使该报具有了激进的革命民主主义倾向。

马克思在《德法年鉴》停刊后，一面继续进行理论研究，一面寻找着能发表自己政治见解的刊物。就在这时，海涅来告诉他《前进报》改头换面的好消息。

于是，马克思和他的《德法年鉴》的战友们决定转移阵地，给这份尚未引起当局注意的报纸撰稿，对德国的反动统治阶级进行猛烈攻击。

由于《前进报》刊载了一系列内容激进的文章，受到了社会广泛关注，订户猛增，经济效益明显好转。这样一来那个办报的商人乐了，他并不关心政治问题?熏只关心自己的赢利，还夸奖新任主编干得好呢。

也就在这个时候，德国国内发生了西里西亚纺织工人的起义：1844年6月4日，纺织工人唱着自己编的歌曲来到他们最痛恨的大工厂主的家门前，抗议资本家对工人的压迫剥削，结果惨遭毒打和逮捕。

工人们在忍无可忍的情况下发动了起义，捣毁了大工厂主的住宅，销毁了账本和财产契据。各地工人纷纷响应，掀起了罢工和示威的浪潮。

面对工人阶级的起义，政府当局立即调集重兵进行镇压，工人们奋起反抗，与反动军队进行英勇的战斗。

结果，工人起义因寡不敌众被残酷镇压下去了，数百名起义者被判处徒刑或强制劳动。

1844年7月的一天，海涅和海尔维格一同来到马克思家里。

一进门，海尔维格就取出一份新出版的《前进报》，递给刚从椅子上站起来的马克思，气愤地说：

“你看看，卢格他都胡说了些什么！他在竭力贬低西里西亚织工起义的巨大意义！”

海涅附声说：

“卢格的这些言论明显地反映了德国资产阶级的软弱性，也反映了他们对工人阶级本能的敌视。”

说着，把拎在手里的两瓶酒放到茶几上。

马克思却很平静，接过海尔维格递给他的报纸，又坐到椅子上，对两人笑了笑，说：

“我已经三天没买菜了，如果面包可以帮助我们痛饮……”

海涅打断马克思的话，说：

“我们并不知道你糟糕得连菜也买不起了。这要让你那美丽的夫人知道，一定埋怨我们没尽到朋友的责任！”

海尔维格耸了下肩，说：

“怎么办呢？咱们的博士又从来不喜欢去酒店！我只好再出去买些下酒菜了。”

说完，真的出去买菜去了。

马克思这才开始看卢格写的文章，这次是用“普鲁士人”的笔名，文章题名《普鲁士国王和社会改革》。

越看，马克思的神情越冷峻。

看完，他气愤地把报纸拍在书桌上，站起身，大声说：

“这是对德国工人阶级的诬蔑！无产阶级进行独立的政治斗争，怎么能说是毫无意义！”

注目海涅，又说：

“你说得对，这是对工人阶级本能的敌视！我们必须予以反击！要对卢格的错误观点进行批判！”

海涅也激动了，说：

“对，我们不能沉默！工人们献出了他们宝贵的生命，我们也要发出战斗的呐喊！”

很快，海涅在《前进报》上发表了充满悲壮和战斗激情的诗篇《西里西亚织工》：

悲愤的眼睛里没有泪水，
他们坐在织机前咬牙切齿，
古老的德意志，我们在织你的尸布，
我们要织进去三重诅咒。
我们织啊织！
……

随之，马克思写的《评“普鲁士人”的〈普鲁士国王和社会改革〉一文》也在《前进报》上发表了。

在这篇文章中，马克思批判了卢格的错误观点，揭露了资本主义的罪恶本质，颂扬了工人阶级的战斗精神。

他在文章中指出：起义证明了无产阶级这个社会改造者所具有的巨大力量；社会主义必须通过“推翻现政权和破坏旧关系”的革命才能实现。

由于马克思等人的参与，《前进报》的政治倾向越来越激进，甚至被反动势力和统治当局污蔑为“最坏”、“最危险”的报纸。

1844年夏天，普鲁士国王派遣专使到法国进行交涉。专使带来了国王的亲笔信还有名贵的花瓶等礼物，要求法国封闭《前进报》。于是，法国政府先是逮捕了主编，在同年12月公开宣布封闭《前进报》。

《前进报》虽然存在的时间并不长，但它的影响却是巨大的，特别是它积极宣传的正在形成的共产主义观点，对于推动国际工人运动的发展起了重要作用。

战友终于来了

1844年8月23日上午，马克思来到了雷让斯咖啡馆，找个靠窗子的位子坐下来，然后要了杯咖啡细细品咂着，而目光却不时地望向窗外，在来来往往的人群里寻找什么。

这家咖啡馆靠近法兰西剧院广场，在巴黎很有名，室内装饰得也非常温馨典雅。马克思觉得这里很适合接待他的战友。

是的，此时马克思就在等待着这位战友的到来。

马克思今天修剪了胡子，并且穿上了那件压箱底的西装，这说明他很重视这次会面。而他更不想一开始就把战友接回自己那又脏又乱又幽暗的小家里，所以他选择了这里。但愿好环境能使他们的会面能有个好心情。

马克思等待并极为看重的这位战友是谁呢？

是恩格斯。

今天，马克思是要与恩格斯第二次会面。

他们第一次会面的时间是1842年11月底，那时马克思正主编《莱茵报》，恩格斯奉父命去英国的曼彻斯特经商，途中来科伦拜访了马克思。

恩格斯在拜访马克思之前已经在《莱茵报》上发表了二十多篇文章，引起了马克思的关注。

那次见面只是匆忙的会晤，两人没有过多的交谈，但恩格斯的幽默诚恳给马克思留下了深刻的印象，他鼓励恩格斯继续为《莱茵报》写稿。

马克思真正地看重恩格斯，并认为对方可以成为与他并肩作战的战友，则起因于他看了恩格斯写的《政治经济学批判大纲》一文。《政治经济学批判大纲》发表在马克思主办的《德法年鉴》上。

在文章中，恩格斯严厉地批判了自由主义政治经济学，深入研究了商品、价值、价格、地租、资本和劳动等经济范畴，揭示了资本主义不可克服的经济矛盾，表现出了鲜明的历史唯物主义观点。

恩格斯的这篇文章对推动马克思研究资产阶级政治经济学起了很大作用。

早在《莱茵报》工作时，马克思就对经济问题产生了兴趣，在批判黑格尔哲学时他进一步认识到，对市民社会的解剖应该到政治经济学中去寻找。

可以说，恩格斯的《政治经济学批判大纲》给了马克思一个直接启示，使马克思从1844年初开始研究资产阶级政治经济学。

研究时，马克思首先研究的是英国古典经济学家斯密和李嘉图的著作，他综合了英国古典政治经济学、德国古典哲学和英法空想社会主义的研究成果，写出了论文《1844年经济学哲学手稿》。

在发表了恩格斯的《政治经济学批判大纲》之后，马克思立即给远在英国曼彻斯特的恩格斯去信，对该文提出赞赏。自此，两人建立了密切的通信联系。

这次，马克思得知恩格斯要返回德国，便在信中诚挚地邀请恩格斯到巴黎做客，并希望借此机会共同讨论一些彼此关心的问题。令马克思高兴的是，恩格斯欣然答应。

此刻，马克思已经喝完了一杯咖啡，可是恩格斯还没有出现。他看了看时间，按说恩格斯也该到了，莫非出了什么意外？他心中开始有些焦急了。

不知怎么，马克思竟然想起了在家乡河边那次等待燕妮：正是那次难熬的等待，让他得到了燕妮纯真的爱情，可以让他一生为之骄傲。

那么，这次等待，能让他等来他所期待的伟大的友情吗？

在不断探寻真理和争取人类解放的斗争生活中，马克思有时也感到疲倦与孤独。他是一个伟人，同时也是个凡人，他那颗伟大的心灵也需要休息和抚慰，也需要朋友和友谊。

他时常感到，如果有一位志同道合、坚强不屈的朋友与他并肩作战，那该有多么美好和重要啊。

为了能拥有这样真正的友谊，他从未停止过寻觅。

马克思曾经与青年黑格派分子鲁滕堡一见如故，被其引荐参加了博士俱乐部。后来，他又推荐鲁滕堡担任《莱茵报》的主编，两人有过一段友好的交往。

但他很快发现，两个人在哲学的基本问题上存在着原则性的分歧，而且鲁滕堡十分傲慢固执。他知道难以久处，便中止了与对方交往。

他在参加博士俱乐部后，他结交了青年黑格尔派领袖人物鲍威尔。他一度很重视两个人的友谊，并希望能与对方在哲学研究领域内长期合作。

但这一愿望很快落空了，因为鲍威尔的政治观点始终停步不前，甚至存在严重的偏见，马克思只好对他敬而远之。

后来马克思结识了激进的民主主义政论家、杰出报人卢格。两个人曾经是真正的战友，一起为报刊写文章，一同创办《德法年鉴》。然而，当他们的事业遇到强大阻力时，卢格怯懦地退缩了。

更让马克思不能容忍的是：当西里西亚织工们为了生存而奋起战斗时，卢格竟站在了工人阶级的对面，对起义者横加污蔑指责。对此马克思坚决地撰文反击，导致两人彻底决裂。

面对一次次友谊的淡漠，马克思并未心灰意冷，他知道结交一个能够经受住风浪和磨难考验的真正的朋友，并不是一件轻而易举的事情。

相交遍天下，真正的知己难求。马克思相信，他一定会结交到一位能为共同的崇高理想而奋斗的

正的战友!

他预感到恩格斯就是自己所期望的这样的战友!

战友终于来了!

当恩格斯大步走进咖啡馆时，马克思激动地站起，快步迎上前来，叫道：

“弗里德里希，欢迎你来到巴黎！”

接着，两只巨人的大手紧紧地握在了一起。

署名在后

弗里德里希·恩格斯比马克思小两岁，家住在德国莱茵省的巴门市。

恩格斯的父亲是个富裕的工厂主，可他不断探索真理，而成为一名激进的民主主义者。

恩格斯曾经写过这样的一首诗：

西方彩霞闪耀，
自由的曙光顷刻间来到；
旭日初升，放射出不熄的光芒，
黑夜在消逝，带走它的苦难。
那时候，不仅在我们播种的花圃里，
鲜嫩的花蕾含苞待放，
而且整个大地都是万紫千红的花园；
葱茏的草木把山河点缀，

和平棕榈装饰着北国之乡，

爱情玫瑰插在穷苦人身上。

茁壮的橡树移植到了南方的海疆，

举起棍棒打倒暴君；

谁使他的国家重获和平，

橡叶桂冠就会戴在谁的头上。

从这首诗中，我们可以看出恩格斯的伟大抱负和非凡的才华。

1844年8月23日——是一个神圣而激动的日子。

这一天，马克思和恩格斯再次会面，这标志着两个巨人的伟大友谊真正开始了。

当他们坐下来时，马克思说：

“我还担心你在途中出了什么意外，所以对你的等待就像是在煎熬。”

说着，打量着恩格斯：恩格斯穿着一身考究而合体的西装，身材颀长，英俊而消瘦的脸上带着旅途的倦色，而这双浅蓝色的眼睛却是这样明亮，闪烁着兴奋的光芒。

听了马克思的话，恩格斯笑着说：

“亲爱的卡尔——请允许我这样称呼你。你知道，当我接到你邀请我来巴黎的信时，我高兴得几乎跳了起来。我给你写回信时激动得手直抖，快拿不住笔了，所以那封信字迹非常的潦草，现在终于坐到了你的面前，而我激动的心仍难以平静，我甚至不知道该对你说些什么了。”

马克思说：

“说实在话，是你的那篇《政治经济学批判大纲》拉近了我们的距

恩格斯

离，你写得很好，你认为经济的一切矛盾都源于私有制，这是一个极富创造性的发现。你的文章给了我许多启示，促使我对政治经济学进行了研究。”

“卡尔，你不应该给我太多的夸奖，对我的成长与进步，你的批评和指点，我更愿意接受，我希望与你并肩作战！”

恩格斯说得这样真挚而又诚恳，让马克思心中一阵激动：

“好！我们并肩战斗！你这次来，如果不着急回家，不妨多住些天，我还可以介绍几位朋友给你。”

恩格斯笑了笑，说：

“这么不容易见到你，你想让我早点离开，我也不会同意的。”

说着站起身，又说：

“我现在就去买些礼物，然后我就去拜见你的夫人，并看望你那可爱的女儿。我希望能受到她们的欢迎。”

马克思阻止了恩格斯，说：

“我夫人已经带我女儿回特利尔了。如果你愿意的话，我可以带你去我家里。”

说完，马克思和恩格斯离开咖啡馆，回到了马克思的寓所。

进屋后，马克思收拾起椅子上的书籍，让恩格斯落座说：

“真抱歉，我没打算带你来家里，实在太乱了。而且，我的咖啡和冰啤酒也喝没了。也许一会儿海涅或者海尔维格会来，他们会有办法的，包括你的住处。”

恩格斯打量着屋子，说：

“应该是这样，和我想的一模一样。不，卡尔，我就住在这里，这里胜过世界上最豪华的宫殿！吃的喝的由我来解决。”

就这样，恩格斯在马克思的陋室中住了下来。

接下来的日子，马克思带着恩格斯去接触巴黎的工人群众，去访问共产主义俱乐部，去结识一些法国工人运动领导人和外国革命者，这样可以使恩格斯对法国工人运动的状况有个大致的了解，有利于他下一步的理论研究。

两个人常常在夜晚促膝长谈，交流思想，有时竟不知困倦地谈到凌晨。

这一天晚上，两个人谈到了青年黑格尔派。

马克思说：“最近鲍威尔等人发表文章，公开表示要与1842年的激进主义彻底决裂，还影射和攻击我们，宣布自己的批判不再是政治性的了。”

恩格斯说：

“我看他们的言论却顺应了反动当局的政治需要，他们已经日益堕落了。”

马克思又点燃一支雪茄，目光变得锐利起来，说：

“我们不能对此沉默，他们的攻击性言论会在理论界造成巨大的混乱！他们使用的都是黑格尔哲学中的糟粕，企图扼杀一切有生命力的东西！”

恩格斯轻蔑地笑了笑，说：

“他们甚至胡说什么创造历史的不是人民，而是杰出人物！我们应该接受他们的挑战，写文章批驳他们！”

“不！要写一部著作！”

马克思大声说：

“我们合写！为什么不呢？我们两个人的合作会更有力量！”

两个人说干就干，当晚就开始着手准备，对青年黑格尔派的问题进行全面深入的研究讨论。

恩格斯思维敏捷，很快写完了他要写的那一部分，然后辞别马克思，踏上了回乡之路。他在巴黎整整逗留了十天。

送走恩格斯之后，马克思仍然继续写作，等他写完时已是三个月之后了。

由于马克思扩大了写作计划，内容也超出了原来的设想，结果写成了一本大部头著作。

开始时，他们把书名定为：

《对批判的批判所做的批判——驳鲍威尔及其伙伴》。

在付印时，马克思用这书名作了副标题，另加了一个标题《神圣家族》。

书稿完成后，马克思曾寄给恩格斯审阅，恩格斯对马克思的观点十分赞赏，更惊叹他写成了鸿篇巨制。

恩格斯认为自己写的太少，在回信中说最好不要署他的名字了。

然而，等出书后，恩格斯接到了马克思寄给他的《神圣家族》样书，一看却怔住了，他发现自己的名字不但署上了，还署在了马克思的前面。

恩格斯深受感动，从马克思自愿“署名在后”这件事上，看出了马克思不图虚名的高贵品质和对自己怀有的深厚情谊。

决不妥协

燕妮和女儿终于回来了！

1844年冬天的一天，燕妮带着女儿从特利尔返回巴黎。她刚出车站就看见了等候在那里的马克思。

由于燕妮的归来，仿佛天气也不像每天那么冷了。是的，燕妮就是马克思的阳光。

马克思深情地拥抱了妻子，等他要去吻女儿时，燕妮示意他：女儿正在睡觉呢。

夫妻二人高高兴兴地回到家，进屋后，马克思还是忍不住，亲吻了熟睡中的女儿。

看着长大了的又白又胖的女儿，马克思笑不拢嘴，对燕妮说："亲爱的，谢谢你，你辛苦了！"

燕妮把女儿放到床上，然后便偎到马克思怀里，两个人开始幸福地拥吻。然后，燕妮说："你这样子真让我心疼，我不是在信中一再告诉你注意身体吗？瞧你眼睛红红的，昨晚又熬夜很晚吧？你这么不听话，以后我还怎么放心离开你呢？"

马克思笑着说："是的，我昨晚几乎一夜没睡，不过不是读书写作，我是兴奋的——为你们回来而兴奋啊！放心吧，亲爱的，以后我不会再让你离开我，分别的日子真的很残酷啊！"

燕妮的眼睛湿润了，说："我的好卡尔，这段时间你一定受了不少苦啊！可是，你每次写信都说很好！不然，我就会尽快赶回来。你看见了，我们的女儿多么健康啊！”

马克思抚摸着燕妮的秀发，说：“我真的很好，你知道吗？我结识了一个好朋友。是的，一个完全可以信赖的，也能与我并肩作战的好朋友！他叫恩格斯，弗里德里希·恩格斯，一位很有才华、很英俊的小伙子！你见到他也会喜欢他的。”

顿了顿，又说：“他在咱们家里住了十天，我们共同合写了一本著作，叫《神圣家族》，是批驳青年黑格尔派的，你看，这个新书桌和这个矮柜就是他亲自买的，还有他买的咖啡，现在我还没喝完呢！”

又笑了笑，说：“是的，我的生命因为有了你而精彩，而这次又多了弗里德里希，我觉得我的生命更为充实了！噢，瞧我，只顾说自己的事了，母亲他们都好吗？埃德加尔，我的好朋友，他的情况怎么样？”

燕妮笑了笑，说：“他们都很好，就像我在信中告诉你的那样，我们的女儿为家里带去了欢乐，她像个美丽的小天使，受到了所有人的爱护和关心。她本身就是快乐，每个表情都惹人发笑，母亲和埃德加尔尤其喜欢她，还有琳蘅——你还记得琳蘅吗？”

马克思说：“当然记得，一个金发披肩、相貌清秀的日耳曼姑娘，她还在你家做管家？她还没嫁人吗？”

燕妮说：“她和我说，她不打算结婚了。你知道，她一直把我当她的亲姐姐，我们无话不谈。她非常希望到我们家里来，帮我照顾孩子，操持家务，我同意了，我想那样我会抽出更多的时间帮助你，你就不会像现在这么累了。你知道吗？这段时间我仍然在读书、学习，而且书写速度也快了许多。”

马克思说：“为什么不带琳蘅来呢？是不是母亲舍不得放她走？”

“不，母亲已经同意了，你知道母亲很心疼我，她知道我身边有了琳蘅会轻松许多的。这次她没有随我回来，是因为家里有许多事要她处理一下。不过，她很快就会来的。”

燕妮说着，离开马克思，去提包里取出两条雪茄烟，说：“这两条上好雪茄是你母亲给你买的。我也经常带女儿去看她，尽管她对你还有些想法，可是每次对我们都非常热情，总给女儿买这买那，她是位好母亲，我们不能怪她。”

想到母亲，马克思眼睛湿润了，说：“我相信，母亲迟早会理解我选择的路；就算她永远不理解我，我也无怨无悔！”

爱妻与女儿的归来，使家中充满了生机与欢乐，但没有过多久，马克思却不得不离开这个温暖的家了。

1845年1月的一天早晨，马克思和燕妮正吃早餐，几个巴黎警察闯进了屋子。

“你就是马克思吗？”

为首的高个子警察逼视着马克思大声地问。

警察的到来惊醒了睡梦中的女儿小燕妮，发出抗议般响亮的啼哭，使燕妮急忙去抱起来哄着。

马克思坐在餐桌边一动没动，回答道：“是的，我是卡尔·马克思！”

那个警察随之在小燕妮的哭声里，朗读了法国政府对马克思的驱逐令——限令马克思在二十四小时之内离开巴黎！

警察走后，燕妮已经哄好了女儿。她对餐桌边神情冷峻的马克思说：“太突然了，我们一点准备都没有。”

马克思缓缓地站起身，用餐巾擦了擦嘴，说：“这并不奇怪，我们理应受到这样的待遇！只要政权还在那帮人手里，他们什么事都做得出来！”

过来轻轻地拍了拍燕妮的肩膀，眼里闪过一丝歉疚，说：“只是又要苦了你和女儿……作为丈夫和父亲，我感到很不安！”

燕妮的眼里泛起泪花，柔声说：“别这么说，我的好卡尔！自从我们相爱那一刻起，我们的命运就已经紧紧地联系在一起了！我们说过，咱们只要能在一起，世上就没有不可战胜的困难！”

她含泪绽开了一个微笑，又说：“驱逐怕什么，这里不让咱们住，咱们就去别的地方！”

马克思报以爱妻一个自信的微笑，然后点燃一支雪茄，思忖着说：“我们可以去比利时，那里还有一些民主气息。家是回不去的，祖国可以接受我，人民可以接受我，可是反动政府却要把我投进监狱！”

燕妮的脸上又掠过愁云，说：“可是去比利时的路费还不够……”话音未落，有人敲响了门。

马克思去开了门，见进来的是海涅，就说：“你来的真是时候，我正准备找你去借钱呢！”

海涅脱去外面大衣，一脸气愤地说：“是没路费了吧？你准备去哪里？我与你一块儿去！”

转对抱着孩子的燕妮，又说：“别犯愁，办法总会有的。这个时候卡尔更需要你的支持！”

燕妮说：“你已经知道了？”

海涅坐到椅子上，叹了口气，说：“我也接到了驱逐令！当时海尔维格正在我家，他得知你也是被驱逐的人之一，就发火了，嚷着去组织人向法国政府提抗议，就走了，我就来了。”

燕妮担心地说：“海尔维格是个爱冲动的人，他们不会闹出什么大乱子吧？”

傍晚，出乎马克思和海涅意料，海尔维格领着一个紫红鼻子的政府官员来到了马克思家里。

“他就是马克思，这位就是海涅！”海尔维格对这个官员介绍说。

又对马克思说：“政府对你们的驱逐遭到了民主人士和社会主义者的强烈抗议，要求政府收回成命。终于让政府做出了让步，这位官员先生就为此而来。”

紫红鼻子官员对马克思笑了笑，说：“尊敬的马克思博士，久仰大名了，我希望您能够理解我们政府的苦衷：说实话，要驱逐你们，是因为普鲁士政府一再对我国政府施加压力！”

干咳两声，揉了揉鼻子，又说：“现在我国政府已经做出让步，决定顶住普鲁士政府的压力，不再驱逐你们。不过，您还得答应我们发表个声明……”

马克思打断对方的话，问道：“什么声明？”

这个官员赔着笑脸说：“请您声明从此不再做反对普鲁士政府的宣

传，这样您就可以继续留在巴黎，我国政府对普鲁士政府也有个交代。”

“不！我不会发表这样的声明！”

马克思愤怒地大声回答：“我可以离开巴黎，但我决不放弃对反动政府的斗争！”

放弃国籍

1845年2月3日，马克思终于结束了长途旅行，来到了比利时的首都布鲁塞尔。

他走出车站时刚刚华灯初上，面对这座欧洲名城的繁华街景，他感到了一种说不出的孤独。

他想先找个旅馆住宿，可是车站附近的旅馆都十分昂贵，他住不起，因为他身上的钱已经剩不多了——来时的路费还是海涅和海尔维格帮他凑的。他不知道要在这里困顿多少天，所以身上这点钱必须省吃俭用。

他只好离开车站，四处转悠，想找个便宜的低价旅馆。终于，又饿又倦的马克思经人指点，在圣居杜尔广场附近找到了一家低价小旅馆。

等他住进旅馆时，整个人已经快累瘫了。他把行李在房间放好，便到餐馆吃了便宜的晚餐。

当天晚上便给远在巴黎的燕妮写了一封信，告诉爱妻他平安到达布鲁塞尔，因为钱剩不多了，不能租房子，只能先在旅馆安身，让妻子尽快卖掉家当赶来与他团聚。

燕妮带女儿来得比马克思预想的还要快，等见到爱妻时，马克思才知道，燕妮为了尽早来与他团聚，那些全部家当（包括她的部分衣物）都是低价变卖的，所获得的钱刚刚够来布鲁塞尔的路费。

尽管没多少钱了，尽管只能在低价简陋的小旅馆里安身，可毕竟又团聚了，这比什么都重要。

这时候，他们的生计成了问题：只有的这为数不多的钱只够吃饭——还不能吃好的，可是这点钱花光了呢？岂不要挨饿？

马克思便是在这样的困难境地里，仍然进行着他的理论研究——可以不吃饭，但他不可以停止他的工作。

同时，他与朋友们继续通信，告知自己已经转移到布鲁塞尔，特别是给恩格斯的信中，详细说明了自己的处境。

恩格斯很快回信，告诉马克思，说他正动员朋友们捐款要资助马克思摆脱困境，他已决定把一本书的稿酬全部送给马克思。

很快，恩格斯为马克思寄来了募集到120多法郎。

过后不久，马克思又接到了恩格斯寄来的那本书的第一批稿酬100塔勒。

恩格斯的这两笔汇款真如雪中送炭，解决了马克思一家的燃眉之急。

马克思知道，自己一家暂时也只能靠救济过日子，因为他们一家已断绝了主要生活来源——稿酬。

来到布鲁塞尔，马克思才发现这里的政治气氛并不像听说的那么宽松。

比利时当局也很害怕马克思的革命思想。在他到达不久，警察部门就对马克思进行严密的监视，并严令马克思不得在比利时境内发表有关当前政治问题的文章。

马克思考虑到自己眼下主要任务是从事在巴黎未完成的理论研究工作，不打算马上公开发表评论时局的文章，也就答应了当局的要求。

不写文章，就没经济来源，就得忍受贫困的折磨。

燕妮对恩格斯寄来的救济款真是精打细算，恨不能一分钱掰两半花，可她没有一句怨言，有时还要笑着安慰马克思，让丈夫安心工作。

就在这个时候，琳蘅来到了！

对于琳蘅的到来，马克思和燕妮非常高兴，他们甚至认为这是燕妮母亲对他们最好的帮助。

琳蘅二十二岁，出生于一个贫苦的农民家庭，八九岁时就到燕妮家里当仆人，她对燕妮父母照顾得非常周到，得到了两位老人的信任和关爱，直至当上了管家。

琳蘅也是燕妮的知己，两个人亲如姐妹。

当琳蘅看到了马克思一家三口挤在旅馆这窄小的房间时，她眼泪就在眼圈儿里转，对燕妮说：“要让老夫人知道你们这么苦，她一定会很伤心的。你怎么不写信对老夫人说呢？不论怎样，家里也不会不管你呀！”

燕妮笑了笑，说：“暂时是苦一点，可我们能够克服。我不想朝家里要钱，那样我哥嫂更瞧不起我们了。我要让他们相信，我和卡尔一直都十分幸福，我的选择永远是最正确的。”

马克思在一旁接过话头，对琳蘅说：“只是让你跟我们一起受苦，我们感到很不安。请你相信，贫困压不倒我们。”

琳蘅对马克思露出含泪的微笑，说：“只要你不嫌又多了我一个白吃饭的就行了。苦点怕什么，这些年我在男爵家里享的福够多了。”

琳蘅的到来真是帮了燕妮的忙，她作为一个农家出身又经过精心调教的女仆，在操持家务方面有很高的能力，而且她还擅长缝纫、烹调、购物和管家理财，并能够灵活处理好各种琐碎的日常小事。

自此，琳蘅成了马克思家的一员，并在以后的生活中担当重要角色。

琳蘅来后不久，恩格斯也来到了布鲁塞尔。

这时候恩格斯因为执意投身革命，已经与自己的老爹吵翻并离家出走。否则，他也不至于张罗捐款和用稿酬资助马克思。

恩格斯来布鲁塞尔的时间是1845年4月5日。这天他来到旅馆、敲开马克思家的房门，见门口站着一位端庄秀美的夫人，就自我介绍说：“我是恩格斯，从德国巴门来……”

“噢！您一定是弗里德里希·恩格斯了！我是燕妮，我和卡尔正等您呢！快请进！”

燕妮说完，让进了恩格斯。

恩格斯进来刚站稳，马克思已经迎上来，热情地与他握手，拥抱，笑着说：“终于又见到你了，弗里德里希，真的很想你啊！快请坐！”

见恩格斯落座，燕妮亲自递给恩格斯一杯饮料，笑着说：“卡尔知道您要来，高兴得一连几天睡不着觉，您在他心中的位置，连我都羡慕了。”

恩格斯笑了笑，对燕妮说：“卡尔能有您这样美丽、贤淑而又聪慧的妻子，羡慕的应该是我。噢，对了，我们的小燕妮在哪儿？我给她买了礼物……”

燕妮说：“她让琳蘅抱出去晒太阳了。琳蘅是我们的管家。”

恩格斯点了点头，说：“卡尔在信里提到过，也是你的得力助手。”

他转向马克思，又说：“钱还够用吗？”

马克思笑了笑，说：“这应该去问我们的管家。你如果问我现在正研究什么，我更有兴趣回答你。”

恩格斯也笑了，说：“我不能让你饿着肚子去研究，我有责任改善你的生活条件。我会有办法的。”

燕妮又说：“你的情况我们也知道了：你能冲破家庭和政府的双重阻力，这很不容易。”

马克思接过话头，说：“我们不怕付出代价，因为我们从事的是崇高的事业。我已经想好了，要放弃国籍！”

恩格斯一怔，问道：“为什么？”

马克思抽了口雪茄，喷出一团烟雾，说：“普鲁士政府一直对比利时政府施加强大压力，让比利时政府驱逐我。如果我放弃国籍，普鲁士政府就没有权力对比利时政府施压了。”

恩格斯叹了口气，说：“我记得谁说过这样的话：哪里有自由，哪里就是我的祖国。可是，自由在哪里呢？”

马克思提高了声音，说：“我却想把这句话变过来说：哪里没有自由，哪里就不是我的祖国。”

1845年底，马克思公开宣布放弃普鲁士国籍。从此以后，他成了一个没有国籍的世界公民。

并肩作战

轮船在大海上航行，几只海鸥在船前面盘旋?熏飞翔。

天空中布满乌云，一场暴雨就快来了。海水翻滚着，咆哮着，掀起一层层的巨澜。

海风大起来了，吹拂着并肩站在甲板上扶栏远眺的两个人——马克思与恩格斯。

尽管风很大，又要下雨了，可他们仍然愿意站在这里，不想回到那拥挤的、脏乱的下等舱去。

他们这是乘船从比利时去英国。

这次去英国旅行是马克思的决定。原因是他考虑到要想深入地研究经济学和资本主义社会，就必须到英国这个世界上最发达的资本主义国家去做实地调查，对资本主义社会的所有现象和特征进行深入细致的研究，并收集利用那里极其丰富的科学文献。

另外一个原因是，英国是世界上工人运动最活跃的国家之一，去那里可以亲自深入接触无产阶级的革命斗争，并与工人阶级建立起直接的联系。

马克思原想独自去英国，但他的英语现在还不过关，需要恩格斯的协助。而恩格斯本人也想去英国继续历史和经济的研究工作。于是，两个人才结伴而来。

这次来英国的旅费全部是恩格斯筹集的，钱不多，他们只好坐下等舱了。

到英国后，根据恩格斯的建议，他们先来到了恩格斯曾经战斗和生活过的地方——曼彻斯特。

他们到曼彻斯特有三个目的：

一是到古老的切特姆图书馆阅读他们想看的书籍。这个图书馆是一座享誉欧洲的大型公共图书馆，藏书极为丰富。他们在这里阅读了许多在欧洲大陆见不到的经济学和政治学著作，并作了大量摘抄工作。

二是恩格斯要和相爱的女友玛丽·白恩士会面。为此马克思还和恩格斯开玩笑说，这里有你的所爱，也有我的所爱——切特姆图书馆。

三是恩格斯还想找在这里的熟人和朋友筹集一些钱。然而，这件事却收获甚微。

他们在曼彻斯特还有个意外收获；结识了三位著名的德国流亡者，并成为好朋友。

他们在曼彻斯特住了大约一个月，然后来到了英国首都伦敦。

在伦敦，他们考察了英国工人运动的状况，并与宪章派领导人和正义者同盟等组织建立了联系。

1845年的秋天，马克思和恩格斯结束了为期一个半月的旅行考察，回到了布鲁塞尔。

他们回到家，一件喜事和一件愁事同时在等待着他们。

喜事是燕妮临产期已近，就快要生了。

愁事随着喜事来：马克思一家本来房间就窄小拥挤，再多个孩子，实在没办法住了，燃眉之急是换个宽敞一点的屋子。

马克思和恩格斯只好暂停下手头的工作，忙着四处寻找房子，留下琳蘅照顾分娩在即的燕妮及小燕妮。

房子并不难找，但要找到适合他们经济条件的住房却很难。

两个人满街乱跑，急得什么似的，因为燕妮总不能因为没合适的房子而不分娩啊!

最后，还是他们在布鲁塞尔的好朋友沃尔弗帮忙，在一片脏乱的工人住宅区找到了房子。

他们租到的是低矮幽暗的门房，马克思家有两间屋。恩格斯为了便于和马克思在一起工作，在马克思家的隔壁也租了两间小屋。

燕妮从旅馆来到新租的房子，四处打量着，带着苦笑，说：

“这里真像贫苦的殖民地。不过，我们的小屋却很温馨，至少比旅馆清静了。”

在孩子出生之前，琳蘅已经把新家布置得井井有条了：

一个屋是马克思的书房，兼他的卧室、会客室；另一个屋是燕妮、琳蘅和两个孩子的起居室，在一角隔开一个小厨房。

孩子在搬来新家第三天就出生了，又是个女孩，为了给这个孩子起个好名字，马克思夫妇、琳蘅和恩格斯特意坐下来商量。

马克思说：

“我看叫‘劳拉’吧，除了‘燕妮’，我就喜欢这名字了。”

恩格斯说：

“不错。我记得，在文艺复兴时期，著名的意大利诗人彼特拉克曾用美好热情的语言讴歌过这个名字。”

劳拉的出生，为马克思一家增添了欢乐。

怀着又得爱女的喜悦心情，马克思开始继续他的研究工作。

经过一个阶段的研究，马克思逐渐发现，要想建立起真正科学的、完善的新经济理论体系，就必须首先对旧的经济学理论进行清算，而要做到这一点，又必须批判地改造其方法论基础，对正在流行的哲学和社会学说进行系统地批判。

马克思决定把手头的工作暂时停下来，与恩格斯一起对德国的哲学体系作一次全面深刻地批判，写一部有分量的著作。

这想法与恩格斯一谈，恩格斯欣然赞同。

于是，从1845年11月起，马克思和恩格斯就开始全身心地投入到这部著作的写作之中。他们把这部著作定名为《德意志意识形态》。

写这部书，是两人继《神圣家族》之后的第二次合作。

与写《神圣家族》不同的是，这次可以说是真正的集体创作。两个人共同构思，共同研究，共同执笔写作。

他们经常在一起讨论，甚至到深夜还不休息，等他们的说话声吵醒里屋孩子发出哭声时，才意识到“犯了错误”，赶紧压低声音。

在这一时期的合作中，马克思在制定理论和政治观点方面起了主导作用，但他从不居功自傲，一直对恩格斯的意见十分尊重。

恩格斯更为谦逊，总是把自己放在第二位。他后来严肃地告诉人们：

“马克思比我们所有人都站得高些，看得远些，观察得多些和快些。马克思是天才，我们至多是能手。”

一包雪茄烟

马克思和恩格斯奋战了近半年，到1846年4月，《德意志意识形态》基本完成了。

这部著作共分为两卷，第一卷题名为：

《对费尔巴哈、鲍威尔和施蒂纳所代表的现代德国哲学的批判》；

第二卷题名为:《对各式各样先知所代表的德国社会主义的批判》。

在《德意志意识形态》一书中，马克思和恩格斯对青年黑格尔派和“真正的社会主义”进行了严肃的批判；详尽阐述了历史唯物主义的基本原理，分析了各种社会经济形态发展的概况，揭示了资本主义必然灭亡的历史规律。另外，在该书中还概述了共产主义社会的某些特征。

《德意志意识形态》一书的完成是人类思想的重大进步。正如恩格斯所说，社会主义之所以能够从空想变为现实，应归功于马克思的两个伟大发现——历史唯物主义和剩余价值论。

其中第一个发现（历史唯物主义）就是在《德意志意识形态》一书中第一次被全面阐释的。

然而，这部具有重大理论价值和历史意义的书却不能出版。

马克思在给友人信中愤怒地道出了该书未能出版的原因：

“这困难一方面来自警察，一方面来自代表我们所抨击的一切流派的利益的出版商。”

马克思和恩格斯并未因该书不能出版而气馁和沮丧，他们认为他们的研究工作已经取得了重大突破，这就是个了不起的收获。

马克思甚至幽默地说：

“既然我们已经达到了我们的主要目的——自己弄清楚了问题，我们就情愿让原稿留给老鼠的牙齿去批判了。”

不幸被马克思言中了：等这本书若干年后出版时，由于老鼠的啃咬，书稿中留下了不少残缺的空白之处。

由此我们也可以推想出这样一个事实：马克思一家当时居住的房子里肯定有不少的老鼠，马克思已经想到他们这部书稿肯定逃不过老鼠的牙齿。

辛辛苦苦写成的书只能放在那里任老鼠去啃咬，想出版后获得一笔稿酬改善生活的希望完全落空了。

马克思一家的生活变得更加艰难拮据了。

燕妮为了维持全家人的温饱，已经忍痛当掉了家中仅有的一点金银饰物，但仍无法保障家中的基本生活。

这一天，马克思已经断烟两天了。他实在忍不住，便想告诉琳蘅替他买包雪茄回来。

到厨房一看，琳蘅正站在那儿发呆，他就轻声问：

“怎么了？又接济不上了？”

琳蘅对马克思苦笑一下，说：

“我正在想办法呢。你快去忙吧，我想我不会让大家饿肚子。”

马克思离开厨房，走出家门，直接来隔壁找恩格斯。

家里已经没钱买食物，更何况他的雪茄烟了。他决定朝恩格斯借点钱。

恩格斯不在屋，书桌上放着写了一半的家信。

马克思草草看了看恩格斯写的家信，方知道恩格斯也早就没钱了，不得不硬着头皮写信求老爹给他寄些生活费，还说他已把价值150法郎的物品抵押在当铺里，希望老爹去英国时途经布鲁塞尔把那些东西赎出来……

马克思看完信正要离开，恩格斯回来了：

“想约我一同去散步吗？”

“噢，是的。”

马克思掩饰地笑了笑，又说：

“我有个想法，咱们可以交换一下意见，何况今天外面的阳光又这么好呢。”

恩格斯穿上外衣，随马克思走出家门。两个人走出又脏又乱的居住区，来到一条宽阔干净的大街上。

马克思说：

“我想建立一个通讯委员会组织，通过这种方式在各国革命者之间建立起紧密的联系，相互传递信息，了解各国工人运动和理论研究的动态……”

未等马克思说完，恩格斯兴奋地接道：

“我完全赞成，还可以宣传我们的理论，批判危害工人运动的各种错误思潮，逐渐统一思想，以便团结真正的革命者。”

接下来，两人对筹建组织的具体细节进行了交谈。不知不觉，到了中午，该吃饭了。

他们又回到居住区，到了马克思的家门外。马克思说：

“来我家吃吧，也许琳蘅会给我们一个惊喜呢。”

恩格斯笑了笑，说：

“不会有什么惊喜，琳蘅昨天还找过我，说你已经没钱买烟了。我告诉她，我会有办法的……”

马克思说：

“所以，你就决定向你父亲低头？”

恩格斯怔一下，随即明白马克思一定是看了他写的信，就说：

“有时候我想，为了我们崇高的理想，暂时的妥协是必要的。”

话音未落，琳蘅一头闯出门来，见了二人，她怔一下，说：

“怎么不进去呢？正等你们吃饭呢，我还以为你们又忙忘了呢！”

马克思一拉恩格斯，笑着说：

“我说过我们的管家会给我们一个惊喜。”

两个人先后进屋，见马克思的书房里已经摆好餐桌，桌边燕妮和女儿小燕妮已经等在那里了。

见了恩格斯，燕妮急忙起身让座，笑着说：

“琳蘅可能不知道你要来，并没准备酒。”

恩格斯笑着说：

“有买酒的钱，还是让卡尔多抽几包烟吧。”

琳蘅正端上烤黄的喷香的面包片儿，接声说：

“烟也有了。”

说着，放下托盘，从衣袋里掏出一包雪茄递给坐在桌边的马克思，又说：

“你放心地抽吧，没了，我还有办法。”

马克思点上一支雪茄，美美地抽了一口，笑着对琳蘅说：

“你在我们眼里已经成为一个神奇的魔术师了！”

而他心里却有些苦涩地想：一定是燕妮让琳蘅又把什么东西送到当铺去了。

创建组织

1847年初，马克思家又有一个婴儿呱呱坠地了。这次是个男孩，全家人非常高兴，燕妮更是欣喜若狂，她期望儿子长大后能成为一个像他父亲一样的男子汉。

男孩降生第二天，埃德加尔闻讯赶来祝贺，马克思和燕妮当即决定新生儿的名字也叫“埃德加尔”。

埃德加尔一听高兴极了，感到姐姐和姐夫确实对自己十分喜爱。

埃德加尔到布鲁塞尔时间并不长。作为马克思少年时代的同窗好友，他通过深入考察各国无产阶级的状况及其革命斗争，逐渐接受了马克思的政治观点，并积极参加了当地的工人运动和革命宣传工作。当他得知马克思和恩格斯创建了布鲁塞尔共产主义通讯委员会之后，便前来投奔马克思，成为其中一员。

对于埃德加尔的到来，马克思和燕妮感到由衷的欣慰。

布鲁塞尔共产主义通讯委员会成立于1846年春天，其主要成员还包括：

沃尔弗、魏德迈、海尔堡、魏特林等人。

在马克思和恩格斯的领导下，该组织开展了许多卓有成效的工作，已经与欧洲各国的革命者和进步人士建立起了广泛的联系。

随着该组织活动范围的扩大，在巴黎、勒阿弗尔、哥德堡、哥本哈根、科伦、伦敦、爱北斐特、汉堡、马德堡、基尔、莱比锡等城市建立起了分会。

该组织的主要工作是进行理论研究和革命宣传。

到1847年初，该组织在政治思想领域内已经完成了两次激烈的斗争。

第一次是马克思和恩格斯对魏特林的“平均的共产主义”的斗争：

魏特林是个空想社会主义者，德国工人运动的领导人。他1835年在巴黎加入正义者同盟，并成为其领导人。1838年他出版了首部著作《现实的人类和理想的人类》。1843年因发表《贫苦罪人的福音》一书被官方逮捕，释放后来布鲁塞尔参加了共产主义通讯委员会。

魏特林所幻想的是一种虚幻的平均共产主义社会，在如何改造社会的问题上，他的观点也漏洞百出。他虽然赞同进行革命，但他不了解社会发展的规律，没有把工人阶级与流氓无产者区别开来，主张少数人进行密谋暴动，在二十四小时之内就过渡到共产主义。

魏特林的理论还带有浓厚的宗教痕迹，认为共产主义与基督教精神是一致的，甚至宣称新的救世主就要降临并领导这场社会大变革。而他所说的救世主就是他本人。

由于魏特林坚持错误立场的态度十分顽固恶劣，对工人运动产生了不良的影响，马克思和恩格斯决定对他的理论和活动进行批判。

在一次共产主义通讯委员会的会议上，马克思再次做魏特林工作，试图说服他放弃自己的错误主张。

魏特林一听就跳了起来，大声说：

“不！决不！现在理论宣传已经毫无用处了，共产主义革命就在眼前，要立即鼓动工人行动起来，来实施我的革命计划！”

他越说越狂热，甚至是叫喊了：

“有人叫我是空谈家，可是欧洲所有的劳动者都知道我！我正在用正义和友爱的名义把他们团结在我的旗帜下面。我的学说远比书房里的学问重要，因为那些学问无视人民的疾苦！我的学说就是必须立即付诸行动！行动！”

听到这里，马克思忍无可忍，他站起身，大声说：

“行动？请问你用什么去激发人民行动？如果不向他们提供科学的

理论武器，就等于欺骗人民！这只能给工人运动带来灾难！你在颠倒是非！你的学说只能使革命事业陷于失败的境地！因为我们都知道：无知从来也不能帮助任何人！”

会议不欢而散了。

马克思的观点得到了通讯委员会中大多数人的支持，而魏特林的错误已经被人们认识了。此后，他在共产主义通讯委员会中日益陷于孤立，对正义者同盟的影响也越来越小。

不久，魏特林去了美国，企图在那里建立所谓的共产“公社”，但遭到了失败。很快他就脱离了工人运动，在政治上彻底堕落了。

第二次是马克思和恩格斯对克利盖和格律恩等人“真正的社会主义”的斗争：

所谓的“真正的社会主义”是德国的一种小资产阶级社会主义思潮，盛行于19世纪40年代。实际上是费尔巴哈的人道主义与蒲鲁东的空想社会主义思想的大杂凑。其主要成员是一些新闻记者、诗人和评论家。

主要代表人物有克利盖、格律恩、赫斯等人。

他们打着社会主义的旗号，反对阶级斗争，宣称自己热爱人类，美化小私有制，宣扬和平改良主义，主张用所谓超阶级的“博爱”和“人道”来代替无产阶级的革命斗争，追求一种以爱为基础的共产主义理想。

马克思和恩格斯在《德意志意识形态》一书中对“真正的社会主义”进行过深刻的批判，可是该书一时未能出版，使他们的批判见不到成效。

而这些人又控制着一些报刊作为宣传阵地，大肆进行错误思想的宣传，使对其批判越发显得迫切和必要。

于是马克思和恩格斯写了《反克利盖通告》一文，对克利盖的思想和计划给予批判。该文发表后，克利盖不堪重击，很快在政治舞台上消失了。

恩格斯受通讯委员会的委托，又亲自前往巴黎同“真正社会主义”另一位代表人物格律恩等人进行斗争。很快也获得了胜利。

然而斗争是不会结束的，在完成这两次斗争之后，另一个对手又出现了。

1847年初，马克思决定接受这个对手的挑战！

这个对手叫蒲鲁东，是无政府主义的创始人，法国小资产阶级社会主义者。

蒲鲁东在给马克思的信中明确表示：

他坚决反对暴力革命，反对阶级斗争，鼓吹阶级调和。并且傲慢地宣称他要写一本书，并准备接受马克思对他著作的攻击。

1846年12月中旬，马克思收到友人从巴黎寄来的蒲鲁东的这部著作，名为《贫困的哲学》。

马克思立即放下手头所有工作，对这本书进行研究。

研究完，马克思在1847年初便开始写作了。这一次他使用的是法文，目的是让蒲鲁东不用翻译就能直接阅读原著。另一个原因：马克思希望这本书能被更多的法国人知晓，以推动他们同蒲鲁东做斗争。

马克思激情满怀，夜以继日地奋笔疾书，终于在6月写完了自己的著作，和燕妮一商量，把著作定名为：《哲学的贫困》。

7月初，《哲学的贫困》在巴黎和布鲁塞尔正式出版了。

在《哲学的贫困》中，马克思对蒲鲁东主义方法论中的唯心主义和形而上学倾向进行了有力的揭露和批判。同时，还对资产阶级经济学家的根本缺陷进行了深入分析。

《哲学的贫困》像一枚重磅大炸弹，把蒲鲁东耗尽心机构建起来的外表壮观的大厦炸成了一片废墟。

这并不奇怪，与思想巨人马克思相比，蒲鲁东则是一个理论上的侏儒。

苦中有乐

1847年，马克思已经二十九岁了。他有着一头蓬松的黑发和一脸浓鬓，肤色黝黑，目光中充满了睿智。

此时，他已经成了一位享誉欧洲的著名学者和无产阶级革命家了，他又是三个孩子的父亲。

马克思一生都非常喜欢孩子，从不在孩子们面前追求权威。在孩子们眼里，他是一个慈祥的父亲和忠实的大朋友。

马克思工作一直十分繁忙，但最喜欢的工作时间是夜晚。而他工作间隙的休息方式除了看一看诗歌和小说，就是陪孩子们做游戏，或给孩子们讲故事。

当然，孩子们突然来打扰他的工作，强迫他陪着玩，他也从不生气。

1847年5月的一个星期天，马克思工作到傍晚，有些疲倦了，他正想打个盹儿，女儿小燕妮和劳拉冲进他的书房。

“摩尔，你真的是个工作狂吗？”

小燕妮过来合上桌上的书，又说：

“今天是星期天你不知道吗？快来陪我打水仗吧！”

“不，我要骑大马！”

劳拉喊着，过来拉住马克思的手，嘴里喊着；“大马趴下，大马趴下。”

马克思哈哈一笑，顺从地趴在地上，让两个女儿骑在身上，便满屋爬起来。两个女儿喊着，笑着，成了两个快乐的小天使。

骑了一会儿“马”，小燕妮便让马克思停下来，嚷着要玩打水仗。于是，马克思端来盛满水的脸盆，和小燕妮用纸做的各种小船兵舰，在水盆里拼打起来。

而小劳拉一边拍手，一边喊着：

“姐姐加油！姐姐加油！”

就在这时，琳蘅陪着一个客人走进来，说：

“摩尔，沃尔弗先生来了。”

说完，端起水盆，领着两个孩子到屋外玩去了。

马克思一边用毛巾擦着手，一边热情地让沃尔弗落座，说：

“你来了就好，我正等你呢！”

沃尔弗笑了笑，说：

“为什么琳蘅叫你‘摩尔’？我好像听孩子也这么称呼你。”

马克思也坐下来，递给沃尔弗一支雪茄，笑着说：

“琳蘅和燕妮是跟孩子们学的，孩子见我长得黑，就这么叫了。”

沃尔弗笑了，说：

“对，‘摩尔’一词正是出自希腊文，人们习惯用它来称呼皮肤黝黑的人。如果你不介意，我们以后也叫你‘摩尔’好了。”

马克思急忙说：

“当然好了，我会感到更加亲切啊！”

接着又说：

“我让你来，是有重要任务交给你，我知道你完全可以担此重任。”

沃尔弗，全名叫威廉·沃尔弗，是马克思最诚挚亲密的朋友之一，一个忠实于无产阶级事业的坚强革命者。

马克思刚结识沃尔弗时，就发现这个其貌不扬的矮个子才智出众，思想机敏，是一个杰出的无产阶级革命战士，便给了他足够的信任。

今天，马克思决定对沃尔弗委以重任，让沃尔弗代替他去伦敦参加一个非常重要的会议。

“我想委派你去伦敦参加下月举行的正义者同盟代表大会。时间初步定在6月2日至9日。”

接着，马克思详细地对沃尔弗介绍了情况。

正义者同盟的前身是“流亡者同盟”，由德国政治流亡者建立的秘密团体。后来，其中一部分激进的民主派分子分离出来，在巴黎正式成立了“正义者同盟”。

正义者同盟的领导人是魏特林，魏特林被捕后，由沙佩尔担任领导。等魏特林来布鲁塞尔加入共产主义通讯委员会后，正义者同盟的中央机关迁到了伦敦。

马克思和恩格斯同魏特林及“真正的社会主义”的斗争，对正义者同盟产生了很大的影响。

从1846年11月，正义者同盟的领导人沙佩尔、莫尔都同魏特林及其拥护者公开决裂了。到1847年初，他们认识到必须根据马克思和恩格斯的学说对同盟进行彻底的改组，使之成为无产阶级富于战斗性的组织。

于是，莫尔只身渡过拉芒什海峡来到布鲁塞尔拜访马克思。

见到马克思，莫尔说：

“我是代表正义者同盟的多数成员来拜访您。我们读过共产主义通讯委员会散发的许多东西，也研究过您的著作，我们认同您的观点是正确的。我们认为有必要把同盟从旧的传统作风和形式中解脱出来，因此更需要您的帮助，希望您加入我们的同盟。我们也愿意接受您的理论。”

说完，莫尔向马克思出示了正义者同盟的委托书。

在与爱妻燕妮商量之后，马克思决定接受对方请求，加入正义者同盟。但他提出了一个条件：

既然他所创立的科学的共产主义学说已经为同盟所接受，那么他要求同盟不能搞任何形式的个人崇拜，应该把所有助长“迷信权威”的东西从章程中删除。

马克思提出这个条件，正是针对魏特林在同盟中留下的阴影。

当初马克思和恩格斯拒绝加入正义者同盟，主要原因是当时同盟还把持在魏特林手里。

莫尔一听马克思答应加入正义者同盟高兴极了，立即邀请马克思亲自参加定于6月在伦敦召开的同盟的第一次代表大会。马克思答应了，并说如果他不能参加，会委派别人代表他参加。

今天，马克思就正式委派沃尔弗代表他去参加这个重要会议。

这时，马克思又说：

“我已经写信与弗里德里希联系好了，他将作为巴黎方面的代表参加这个大会。你到伦敦后要先找他，与他很好的合作，一定要让大会保持正确的方向！”

一切都交代完了，沃尔弗才告辞离去。

马克思没留沃尔弗吃晚饭，因为他知道家里实在没什么好吃的了。

沃尔弗没有问，马克思也没有说——马克思之所以不能亲往伦敦开会，是因为他凑不足往返伦敦的路费。

危难见真情

1847年6月2日至9日，正义者同盟代表大会在伦敦召开了。这次会议开得非常成功，代表们决定抛弃同盟过去带有密谋色彩的组织名称，改为“共产主义者同盟”。

大会还决定，用马克思和恩格斯提出的“全世界无产者，团结起来！”的口号代替同盟原来的“人人皆兄弟”的错误口号。

大会讨论通过了马克思、恩格斯起草的《章程草案》；讨论了恩格斯起草的重要文件《共产主义信条草案》。

共产主义者同盟第一次代表大会的召开是国际共产主义运动历史上的一个重要事件，它向世人宣告：在国际共产主义运动史上，第一个用马克思主义作为指导思想的无产阶级组织成立了，从而使马克思主义者在创立无产阶级政党的道路上向前迈进了一大步。

第一次代表大会以后，共产主义者同盟做了大量的工作。同盟的各地方组织的活动也开展得比较活跃，取得了显著的成绩。

但是各地工作的开展情况很不平衡，有些地区的工人运动迟迟没有发动起来，同盟的基层组织处于涣散无力的状态。还有的地方魏特林、蒲鲁东的思想阴云不散，处于混乱状态。

鉴于这些情况，共产主义者同盟中央委员会决定：在1847年11月底召开同盟第二次代表大会，讨论批准同盟的章程和纲领，巩固“一大”成果。

共产主义者同盟中央委员会非常希望马克思能出席这次代表大会。

考虑到马克思的经济情况，中央委员会在给布鲁塞尔区部委员会的信中说：“如果马克思博士能够出席，对我们的大会将起到重要作用！我们将努力减轻你们的经济负担！”

马克思和恩格斯都非常赞成召开新的代表大会。他们分别被选为布鲁塞尔和巴黎的盟员代表出席这次会议。

马克思认为，对于一个无产阶级政党来说，制定一个科学的党纲，阐明党的理论和政策是一件十分重要的事情。

受同盟盟员的委托，恩格斯对《共产主义信条草案》做了全面修改，并定名为《共产主义原理》。但恩格斯对此仍不满意，他写信求教马克思。

马克思约恩格斯在赴伦敦的途中，到比利时海滨城市奥斯坦德会面，共同商讨有关同盟章程及其他问题。

11月27日，他们在奥斯坦德的一家旅馆里会面了。

在看完恩格斯写的《共产主义原理》之后，马克思说：“你说得对，这种问答的形式并不合适。我看应该把这份文件写成一篇无产阶级政党的战斗宣言！”

恩格斯一脸焦急，说：“可是时间已经来不及了。”

马克思说：“那就暂不把它交给代表大会讨论。”

恩格斯表示同意。

11月29日，共产主义者同盟第二次代表大会正式开幕。由于当地的许多与会者白天要谋生，所以会议只能在夜晚召开。

大会的中心议题是讨论共产主义者同盟的纲领问题。由此展开了多次辩论。

马克思和恩格斯未出示《共产主义原理》，但他们的观点经过八个夜晚的辩论，获得了绝大多数与会者的信服。

辩论结束后，大会批准了《共产主义者同盟章程》。新章程的第一条明确地宣布了国际工人运动的奋斗目标：

“同盟的目的：推翻资产阶级政治，建立无产阶级统治，消灭旧的以阶级对抗为基础的资产阶级社会，建立没有阶级、没有私有制的新社会。”

大会正式委托马克思、恩格斯起草共产主义者同盟的纲领，作为党的宣言公诸于世。

带着这一光荣而艰巨的任务，马克思和恩格斯回到了布鲁塞尔，立即投入到紧张的起草党纲的工作之中。

1847年年底，恩格斯有事返回巴黎了。这时他们已经参照《共产主义原理》草拟了大部分章节。而接下来的定稿工作就得由马克思独自承担了。

对这一次起草党纲工作，马克思极为重视，写作态度也极为认真，几乎是一字一句地斟酌推敲。有时为修改一句话，要查阅大量资料和工具书。

他日夜忙碌，燕妮再次充当了他的好助手。帮他进行抄写稿子，笔录他口述的草稿。燕妮也知道这本书的重要性，所以有的章节不厌其烦抄了一遍又一遍。

当时，燕妮当然不会想到，她帮助丈夫完成的是一部震撼世界并扭转乾坤的巨作！

马克思太认真了，甚至让中央委员会等不及了！有人甚至怀疑他是否能完成这一使命，于是给马克思发来急电进行催促。

好在马克思接到电报时，已经把手稿寄往伦敦了。

同盟中央委员会接到手稿后，立即印刷，由沙佩尔亲自校对清样。

1848年2月末，这部渗透了马克思、恩格斯多年心血的划时代著作出版了，名为《共产党宣言》。

在书的封面上印刷着共产主义者同盟的口号：全世界无产者，联合起来！

《共产党宣言》被列宁称为科学共产主义的出生证，具有划时代不朽意义，它的出版标志着马克思主义的诞生。

显而易见，《共产党宣言》对刚刚爆发的革命风暴将起到推波助澜的作用。

1848年1月12日，革命首先从意大利的巴勒莫开始，很快蔓延到邻近各国，不久就波及到了几乎整个欧洲大陆。

1848年2月22日，法国巴黎爆发了“二月革命”，巴黎人民高举着象征革命的三色旗在街上举行浩大的示威游行。

23日，和平示威变成了大规模的武装对抗。

24日，国王菲利普看到大势已去，签署了逊位诏书后匆忙逃往英国去了。

就这样，七月王朝垮台了，一个新的资产阶级共和国——法兰西第二共和国建立起来。

听到革命爆发的消息，马克思并未感到惊愕，因为他早就预感到革命即将发生。

革命风暴很快吹到了比利时，各界进步的人士纷纷行动起来，投入到火热的民主运动之中。

布鲁塞尔的主要街道上挤满了激动的人群，有人发表革命演说。还有许多人在公共场所进行热烈讨论，纷纷主张立即废除君主制度，建立民主共和国。

比利时国王是法国国王菲利普的女婿，他可比自己的岳父顽固奸猾得多。他不想退位逃跑，而是派出军队驱散布鲁塞尔街头的民众，并对外国革命流亡者进行严密监视，想方设法把他们驱逐出境。

沃尔弗第一时间被驱逐出境了。

临行前，沃尔弗去和马克思告别，当他来到马克思家门外时，竟听到了里面传出的说话声。

就听马克思说：“我有一个重要的决定要和你们商量：我想把刚刚收到的我父亲的一笔遗产捐献出去，用来武装工人，让他们去购置军火。”

燕妮的声音说：“全部捐献出去吗？”

马克思坚定的声音，说：“是的，一点不留！”

沉默片刻，响起琳蘅的声音：“我觉得还是应该为孩子们少留一点，我们可以挨饿，可孩子要吃东西啊！”

马克思声音：“我们还不至于饿死，但工人们需要武器，他们随时都会献出宝贵的生命！”

燕妮的声音：“好吧，我同意，都捐献出去！”

听到这里，沃尔弗的眼睛湿润了，他为马克思一家这种伟大的牺牲精神所感动。

他没有进屋，而是匆匆离去了。

2月27日，马克思得到了共产主义者同盟中央委员会的一个通知：

鉴于欧洲的革命形势，中央决定把中央委员会的职权转交给布鲁塞尔区部。

这样一来，领导这场革命的重任实际上就落到了马克思和恩格斯的肩上了。

《共产党宣言》德文第一版

接到通知之后，马克思立即召开布鲁塞尔区部会议，商讨当前的局势和需要采取的行动。

他们知道，此时布鲁塞尔的局势已经不允许同盟公开进行革命活动。因为他们的活动和剧变的形势已经刺痛了比利时当局，已使一些盟员和革命流亡者遭到逮捕和驱逐。

于是，布鲁塞尔区部以同盟中央的名义指示马克思离开布鲁塞尔，到巴黎去建立新的中央委员会，领导全欧洲的革命。

正当马克思准备离开布鲁塞尔时，突然于3月3日接到了比利时政府的驱逐令：

勒令他在二十四小时之内离开比利时。

当天夜里，前来送行的朋友刚刚离去，马克思正在忙着收拾行装，突然传来重重地打门声。

随之，几名警察破门而入，一个为首的警察对马克思吼道：“你是马克思吗？请出示你的身份证！”

马克思冷冷地道："我已经公开表明放弃了国籍，又到哪里去领身份证呢！"

燕妮急忙说："我们有政府允许居住的法律文件，而且白天接到了驱逐令！"

"那也不行！没有身份证就必须带走！"

为首的警察粗暴地挥了下手。

旁边冲上两名警察架住马克思，走出门外。

"摩尔！"

燕妮惊叫一声，追出门来，用力推开两个警察，用身体护住马克思，含泪道："我们已经遭到驱逐，为什么还要抓他！你们是要杀害他吗？！"

琳蘅这时抱着埃德加尔，领着小燕妮和劳拉也冲出门来。一齐扑到马克思跟前。

马克思搂住了不住啼哭的两个女儿，亲了又亲，对琳蘅说："请照顾好她们。"

转对燕妮苦笑一下，说："别这样，我们选择了革命也就选择了危险。当革命需要我们做出牺牲的时候，我们应该从容面对！多保重！"

他拥抱了燕妮一下，然后转身大步向前走去。

"摩尔！"

燕妮哭喊一声，想追上去拉住马克思，却被警察挡住了。她只好眼睁睁看着警察押着马克思消失在夜色之中。

燕妮镇静一下，擦了擦泪，和琳蘅把又哭又叫的三个孩子带回屋里。

燕妮一边穿上大衣，一边对琳蘅说："我要去找熟人救摩尔，你照顾好孩子们。"

这一夜，燕妮四处奔走呼号，寻找一个个熟人，请求他们帮助营救马克思。

直到凌晨，她被两个巡逻的警察抓住了。

警察不顾她怎样辩解，把她投入了监狱。

而这一夜，马克思是和一个疯子关在一个牢房里。

第二天，警察对马克思夫妇进行了严厉粗暴的审讯，但未能找到任何“罪证”。

听说马克思夫妇被捕后，广大群众和进步人士纷纷对当局提出抗议和指责，要求停止对马克思夫妇的迫害，马上予以释放。

政府在强大的舆论压力下，很快释放了马克思夫妇，但对马克思的驱逐令仍然有效。

马克思一家还未启程，却接到了法国临时政府发来的一封友好的邀请信，欢迎他到法国去居住。

那么，巴黎等待马克思的又是什么呢？

不愉快的重逢

马克思在巴黎只住了近一个月的时间，在这么短的时间内，他却经历了三次“不愉快的重逢”。

3月5日，马克思来到了巴黎。

此时的巴黎革命风暴刚刚过去，人们还沉浸在革命的胜利之中，虽然在一些建筑物上还留有战斗的伤痕，可象征革命的三色旗和红旗却在空中高高飘扬。

马克思来到巴黎后，受到了共产主义者同盟巴黎区部的热烈欢迎。马克思在区部为他找好的房子刚住下来，立即开始了工作。

3月11日，马克思与前期和同期来到巴黎的沙佩尔、沃尔弗等人组建了共产主义者同盟新的中央委员会：马克思当选主席，沙佩尔任秘书，莫尔、恩格斯、沃尔弗等人当选为委员。

在中央委员会成立后，燕妮和琳蘅接到马克思的电报，带着三个孩子来到了巴黎。

他们来到巴黎的第三天，在燕妮的建议下，马克思夫妇来看望海涅。

这是第一次不愉快的重逢：

由于家族内部围绕财产问题引发的一场纠纷，身心疲惫的海涅得了重病，已经瘫痪好几年了。

而海涅夫人又是个轻浮的坏女人，她以前只对海涅的钱袋感兴趣。在海涅瘫痪后，她对海涅的照顾甚至不如照顾她养的鹦鹉。

马克思夫妇进门时，正听见海涅愤怒的骂声和摔东西的声音。

当他们看见缠绵病榻的老友已经瘦弱不堪时，心情非常沉重。

“我没想到在临死前，还能见到你们。”

海涅眼里闪动着泪光，辛酸地笑着说。

马克思轻叹了口气，说：

“革命的暴风雨终于来了，然而，你却只能保持沉默了。我们多么希望能再次听到你的呐喊或者歌唱啊！”

海涅痛苦地摇了摇头，说：

“我的血已经凉了，每天晚上陪伴我的只有死亡的鬼影，我已经快成为一具僵尸了。现在，在我心间唯一跳动的一丝火星，就是对祖国那遥远的爱。”

马克思夫妇深感惋惜，他们知道，这位才华出众、浪漫狂放的诗人已经在贫病和社会的重压之下垮掉了。

3月18日，德国柏林爆发了武装起义。在三色旗的指引下，人民群众手持刀剑棍棒和枪支，同政府军展开激战。

一直到次日清晨，政府军终于溃败，撤离了柏林。在起义群众的强大压力下，国王携王后走上王宫的阳台，向死难的革命烈士脱帽致哀，并宣布给予资产阶级政治权力，撤销对德国革命者的通缉令。

随之，资产阶级自由派代表人物康普豪森和汉泽曼上台组阁——成立了大资产阶级政府。人民用鲜血和生命换来的革命成果，落入了大资产阶级手中。

德国革命胜利的消息很快传到巴黎，给人以极大的振奋和鼓舞。

也有许多德国流亡者被胜利的消息冲昏了头脑，他们想组织“革命义勇军”回去解放自己的祖国。

海尔维格就是这股狂潮的领头羊。

马克思得知海尔维格要组织“革命义勇军”杀回德国，立即主动来找海尔维格。

这是第二次不愉快的重逢：

马克思见到海尔维格时，正赶上海尔维格给一群德国流亡者做演讲，鼓动这些流亡者加入“义勇军”。

马克思耐着性子听海尔维格讲完，然后把对方拉进了一个咖啡馆。

“你看见了，这些流亡者杀回祖国的心情多么迫切呀！他们是迫切地希望投入战斗！我要把所有的德国流亡者都组织起来，建立一个强大的军团！”

海尔维格一坐下，就狂热地大声说起来：

“卡尔，随我们杀回去吧！现在不需要笔杆子 而是需要拿起枪来战斗！让你的理论研究和革命宣传服从我们这伟大的行动吧！”

不待马克思说话，又说：

“我要带领我的军团东进，越过国境线！我们进入德国的时候，就是那些地主和国王灭亡的时候！胜利的红旗会插遍整个德国！”

马克思叹了口气，说：

“我一直受到你的帮助，你是我的好朋友，所以我不能不劝你放弃你的冒险计划。你想过没有，在德国发生骚乱时侵入德国，这就意味着破坏德国的革命。而外部力量的介入只能加强德国封建统治阶级的团结，而我们的义勇军则会被德国的正规部队轻而易举地消灭。”

“不！绝不可能！卡尔，你太怯懦了，你应该拿出以前的勇气来！我们从事的是惊天动地的大事，我们需要一种冒险精神，就是有流血，有牺牲也没关系！因为我们一定能够胜利，革命的烈火已经在德国内部熊熊燃烧起来，我们就像油一样，有我们的加入革命的大火只能越烧越旺，直到把那些反动的家伙们烧成灰烬！哈哈，那不正是我们所期望的吗！”

海尔维格越说越兴奋，又站起来，说：

“你知道吗？我们‘义勇军’背后有强大的法国支持！他们答应给每个士兵50生丁饷钱，武器他们也可以帮助解决。”

马克思说：

“你认为革命是商品吗？它是不能随便输入一个国家的！”

“不！我们不是你认为的那种革命！而是真刀真枪的战斗！别忘了，战争之火可以随便烧向哪个国家！”

海尔维格显得理直气壮。

马克思又说：

“我想提醒你法国政府支持你们的动机：法国现在已经出现了严重的失业现象，他们是想趁机摆脱掉这些竞争的劳动者。他们不会拿出好武器给你们，而我们的好兄弟们则会在边境上被消灭，这会给我们的革命造成巨大损失和极坏的影响！”

海尔维格冷冷一笑，说：

“我说不过你，但我会用行动和我们的胜利证明，我是正确的！”

说完，头也不回地走了。

马克思没有说服海尔维格，决定尽可能多地去说服那些德国流亡者。

于是，立即着手在巴黎成立了一个德国工人俱乐部，对前来的许多德国流亡者进行劝告，让他们不要参加“义勇军”。

马克思等人的宣传劝说让一部分人觉醒了，他们退出了“义勇军”，加入了共产主义者同盟。

但仍有一部分流亡者参加了“义勇军”。

不久，这支数百人、装备简单的队伍出发了。他们高举着革命的红旗，唱着战歌，跨过了莱茵河。而带头的首领正是海尔维格。

马克思自从这支队伍一走，就开始担心。

这一天，埃德加尔突然来到巴黎，见到马克思夫妇。

这是第三次不愉快的重逢：

埃德加尔在1847年去了美国，他突然回来，让马克思夫妇欣喜不已。但埃德加尔却带给他们一个坏消息。

埃德加尔对马克思夫妇说：

“我听说欧洲的革命爆发了，就急急返回德国，来参加革命。但是当我看到革命的果实落到资产阶级自由派手里时，我感到很失望。我想来告诉你们，国内的形势并不像人们想的那么好，你们还是别回国的好。”

马克思却问道：

“听没听到‘革命义勇军’的消息？海尔维格是指挥官。”

埃德加尔叹了口气，说：

“听到了：他们刚进入巴登境内，就遭到了德国正规军的毁灭性攻击，几乎全军覆没。听说海尔维格在夫人的帮助下，装扮成短工，已经逃到瑞士去了。”

马克思叹了口气，说：

“这次惨败，但愿能让他猛醒！”

燕妮这时问兄弟：

“你下步还有什么打算？不然先和我们住在一起吧。”

埃德加尔摇了摇头，说：

“我想暂时退出革命活动，我还想好好思考一下。”

于是，孤身一人到克萨斯一个农场去了。

马克思和燕妮没有勉强埃德加尔，知道他容易感情用事，他们尊重他的个人选择。不管怎么说，对于埃德加尔的离去，马克思夫妇的心情也是不愉快的。

到4月初，马克思和恩格斯已经做好了回德国的准备——最重要的准备是共同起草了一个文件《共产党在德国的要求》。

他们要回德国进行新的战斗，而这个文件则是最好的武器。

创办《新莱茵报》

1848年4月5日，马克思和恩格斯一起离开巴黎，返回德国。

他们走后，燕妮和琳蘅遵照马克思的安排，即刻带着三个孩子离开巴黎，返回德国的老家特利尔。

4月7日，马克思和恩格斯到达德国的美因兹，与前期派来的一个共产主义者同盟中央委员会合，协助该地同盟建立了工人教育协会。

4月11日，他们来到了科伦。

回到了自己阔别多年的祖国，故乡也并不遥远，但马克思却无暇回家去看望母亲和姐妹。

母亲能够谅解自己吗？

马克思只能把对亲人的思念化作工作的动力。是的，他很喜欢莎士比亚的那句台词："我重视祖国的荣誉，甚于自己的生命和我所珍爱的儿女"。

他放弃了国籍，可不等于他不热爱自己的祖国啊！

又回到科伦了，这个他曾经战斗过的地方，马克思的心情无比激动；他要在这里开始新的战斗！

马克思和恩格斯决定把科伦作为革命活动的政治中心。他们认为科伦作为莱茵省的省会，工业发达，无产阶级的力量比较雄厚，共产主义者同盟在这里建有支部，而且这里有一定的出版自由，加之马克思以前在此编过《莱茵报》，有较大影响力，这些都是开展革命活动的有利条件。

来到科伦后，马克思立即向市政当局申请获得在当地的居住权。很快，申请被批准了。

他于是在科伦老城的一条狭窄的街道找到一处简单清静的房子住下来，并写信通知老家特利尔的燕妮，随时可以带孩子来与他会合。

接下来，他立即开展工作；为了加强德国各大城市的革命活动力量，他把同盟中央的精英分别派往各大城市。恩格斯去了爱北斐特和巴门。

斗争的形势在不断变化着，各地的信息不断反馈到马克思这里。

复杂多变的形势向马克思提出了十分严重的问题：共产主义者同盟如何领导好这场革命？它运用什么方式及时向各地盟员和工人革命者发出指示呢？

马克思认为，面对这样的形势，同盟中央不可能向每一个地区发出具体的指示，只能作一般性指导。在这种情况下，创办一份日报是执行这一任务的最好办法。

然而，要创办一份大型日报谈何容易，不仅要有强大的编辑力量和一定的外部条件，还要花费很大的资金。

关键还是资金。至于别的问题，马克思都不视为困难。

缺乏资金就得去筹集，可向谁去筹集呢？

马克思已经成为闻名欧洲的思想家和革命家，许多资产者都很畏惧他，不愿向他提供资金，就连过去《莱茵报》的老股东们也纷纷对他敬而远之。

更有甚者，政府方面对他办报设阻力；原《莱茵报》的后台老板、大资本家汉泽曼此时已当上了财政部长，与他的朋友——现任首相康普豪森共同掌握着普鲁士的国家大权。

他们被革命推上了权位，政治目的已经达到了，便想终止革命。因此对马克思为代表的共产党人持强烈的仇视态度，当然不希望他们办成一份革命报纸。

资产者不肯帮忙，同盟的盟员和工人阶级大都一贫如洗，况且所需资金又不是小数目，马克思真的感到了压力。

他不得不把恩格斯召回自己身边，把自己的困难和想法如实告诉了亲密的战友。

恩格斯听完，想了想，说：

“我看还得采取招股办报的方式，应该多派些人到各地招股。我可以回老家一趟，做一下我父亲的工作，他不会一点钱不给我的。”

于是恩格斯匆匆返回老家巴门了。

马克思立即派许多人到各地招股，他自己也开始联系熟人，动员他们入股办报。

一直到5月下旬，派往各地招股的人纷纷归来：他们只筹到了很少的一笔钱，原因是许多资产者其实并不欢迎革命。

马克思把希望都寄托到了恩格斯身上。

很快，恩格斯回到科伦，见到了焦急万分的马克思。

“怎么样？”马克思一见到恩格斯就问，“我们的革命得到你父亲的支持了吗？”

恩格斯苦笑一下，说：

“他认为我说的话全是华而不实的见解，当我提出要钱时，他说宁愿让我吃一千颗子弹，也不给我一千塔勒，而且，怕我把钱用在革命上，生活费压缩近一半。”

顿了顿，又说：

“关于筹款也收获甚微，我费了不少唇舌，使用了各种外交手段，只筹集了十四股，每股50塔勒。”

马克思拍了拍恩格斯肩膀，笑了笑，说：

“谢谢！我知道你已经尽到力了。”

恩格斯问：

“和我们需要的数目还差多少？”

马克思略略一算，加上恩格斯筹款和拿出的生活费，包括自己和众人筹款，所缺资金一半还多。

怎么办？看来原定7月1日创刊肯定不行了！

这天下午，马克思回到自己的住处，一边在屋内踱步，一边抽着雪茄思考。

到哪里再去筹集那么一大笔钱呢？

“摩尔！摩尔！”

突然，门口传来娇脆甜美的叫声。

马克思一怔，转头一看，见女儿小燕妮正张开双臂扑向他，急忙迎上把女儿抱起来。

这时见领着劳拉，抱着埃德加尔的燕妮也走进屋，后面跟着提行李的琳蘅。

马克思对燕妮笑着说：

“怎么不事先通知我，好去接你们啊！”

燕妮微笑一下，说：

“就想给你一个惊喜啊！”

琳蘅放下行李，四处打量着，说：

“这房子挺宽敞啊！”

马克思又和二女儿和儿子亲热一番，这才对燕妮说：

“家乡那边的情况怎么样？”

燕妮脱去外衣，一边给儿子换尿湿的裤子，一边回答马克思的话：

“革命的风暴已经波及到了家乡，到处可以看到三色旗，许多青年参加了民主派组织的市民保卫团，市民的脸上都洋溢着胜利的喜悦。”

琳蘅一边忙着收拾屋子，一边抢着说：

“谁见了我们都打听你的情况，你已经成了人们心目中的大英雄了，家乡人为了有你这样的大英雄而感到荣耀，还有许多人希望你去给他们演讲呢！”

燕妮接着说：

“当然最高兴的还是两位母亲。以前邻居们都说你没出息，她们听了心里不舒服，现在不同了，当人们在她们面前夸赞你时，她们笑得嘴都合不上了。”

马克思心中感到了一丝欣慰，问：

“两位老人身体还都好吧？”

燕妮把在他怀里又挣又闹的儿子交给琳蘅，坐到马克思身边，说：

“还好。摩尔，你猜测的很正确，你母亲正是知道咱们生了埃德加尔，才决定把你父亲的遗产分给你。她非常喜爱她的孙子。她对我说，她已经原谅你了。希望你有时间回去看看她和妹妹。”

马克思忽然想到了办报纸，就说：

“我父亲的遗产应该还有啊……”

燕妮笑了，说：

“你怎么还不知足了？告诉你吧，你母亲已经让我们把应该分给你的、你父亲的第二笔遗产带回来了。她说这也是最后的一笔了。”

马克思急忙问：

“有多少钱？”

燕妮回答说：

“5500塔勒！”

马克思双手用力一拍，脱口道：

“太好了！办报纸的资金解决了！”

燕妮一怔，说：

“办报纸？你又要办报纸？”

马克思喜形于色，笑道：

“是的，这是革命的需要。要办一份大型日报，名字都定好了，就叫《新莱茵报》。有了这份报纸就能把同盟中央的精神和各种消息及时传递出去，它可以与各地区的革命运动建立起频繁的、积极的联系。”

激动地握住燕妮的手，又说：

“你带回来的这些钱太及时了！我们一切都准备好了，就差资金了。我们四处筹款，可收效甚微。”

燕妮轻声叹了口气，说：

“你母亲可说了，这是你父亲留给你最后的遗产了。寄到布鲁塞尔那笔让你捐献了出去……”

马克思拍了拍燕妮的手，说：

“现在办报纸更重要！”

琳蘅抱着埃德加尔来到两人跟前，说：

“这次你们如果想把钱都捐出去，我无论如何不能同意，至少应该留下一些救命钱吧？我觉得革命重要，可生命更重要，没了生命怎么去革命啊！”

马克思和燕妮都被琳蘅说笑了。

燕妮对马克思柔声说：

“摩尔，咱们该尊重琳蘅的意见。这样，留下一千塔勒好吗？就像她说的，当作救命钱。”

马克思一算，再有4500塔勒也够办报纸了，便笑了笑，说：

“少数服从多数，我同意你们的决定。”

1848年6月1日，《新莱茵报》的创刊号在欧洲革命的暴风骤雨中诞生了——比原定时间提前了一个月。

动用救命钱

《新莱茵报》的出版立即引起了巨大的反响，吸引了全欧洲的目光。

让马克思等人感到欣慰的是《新莱茵报》达到了预期目的，对欧洲各国的革命运动给予了大量的宣传报导和强有力的支持，对推动革命事业的发展起了至关重要的作用。

1848年6月23日，法国巴黎又爆发了起义。

原来法国二月革命后，工业资产阶级篡夺了国家政权，执行一系列仅仅代表资产阶级利益的国内外政策。对此，巴黎无产阶级决心为实现自己的理想“社会共和国”而斗争。

起义的前一天，成千上万工人群众走上街头，高呼口号，举行声势浩大的示威游行。23日，和平示威转变成武装起义。工人群众四万多人用简陋的武器与二十多万装备精良的政府军展开激烈的战斗。

这是一场一开始就知道结局的战斗。

工人群众的鲜血洒满巴黎的街头，起义最后被淹没在血泊之中。

巴黎六月起义证明了马克思的预言：他在法国二月革命之后就曾说过，法国社会内部的劳资矛盾必将日益加剧，冲突不可避免。

巴黎六月起义失败后，马克思和恩格斯怀着极为悲愤激动的心情，在《新莱茵报》上连续发表文章，对起义给予高度评价，歌颂了巴黎工人的英雄壮举，对杀害工人群众的资产阶级政客和刽子手进行了无情的鞭笞。

随着巴黎六月起义的失败，欧洲的形势也开始恶化了：反革命开始了疯狂的大反攻!

在波兰、意大利和波希米亚等地，封建反动势力相继把革命力量镇压了下去。

在奥地利等国家和地区，反动军队对起义者进行了残酷地屠杀。

欧洲各国的反动势力已经行动起来，企图恢复旧的封建秩序，回到革命以前的状态。

面对反动派的反攻，革命阵营却出现了分裂：资产阶级竟出卖了曾经与他们一起进行战斗的广大无产阶级和农民群众。

7月3日，科伦工人联合会的领导人被逮捕了。

马克思认为这一事件并非偶然的，是敌人精心策划的一次挑衅行为：

因为在巴黎六月起义之前，德国首相康普豪森就在普鲁士反动势力的强大压力下，被迫辞职了。取而代之的是奥尔斯瓦特的自由派贵族政府。这个新政府一上台，就采取了一系列高压措施打击民主和工人运动。

马克思认为政府逮捕科伦工人联合会领导人，目的是要激怒工人群众，等他们举行武装起义，政府就会派出军队把他们消灭。

马克思及时在《新莱茵报》上揭露了政府这一险恶用心，让当局这一罪恶阴谋未能得逞。

为此，政府当局对马克思及《新莱茵报》更是恨之入骨。

政府当局为了摧毁《新莱茵报》，甚至卑鄙地拉拢和收买一些股东，让他们退股，加上一部分股东不满意报纸日益强烈的革命战斗精神，于是，刮起了退股风。

退股风造成了办报资金短缺。马克思为了筹措经费，加强同莱茵地区以外的革命力量联系，于8月23日启程，到柏林和维也纳开展活动。

在柏林，马克思与许多朋友讨论了时局的变化和当前的政治任务。

另外，他还同一些左派议员和同盟盟员进行了会谈。

马克思深刻地指出：

普鲁士王朝是德意志反动势力的主要支柱，它不仅不让本国人民享受基本的政治权利还推行军国主义政策，对外进行侵略和奴役，谋求霸权，阻挠德意志的民族统一运动。

他认为，革命的首要任务是团结一切民主力量，反对普鲁士的上层反动统治者。

8月27日，马克思来到了奥地利的首都维也纳。

他来到维也纳之前，这里刚刚发生过政府军与示威群众的武装冲突，封建贵族已经向人民举起了屠刀，而资产阶级则被巴黎六月起义吓破了胆，宁愿与封建统治阶级妥协。

他来到维也纳的第二天，就在民主联合会上发表讲话，尖锐地指出：

目前这里的局势与巴黎一样，问题的实质是资产阶级与无产阶级的斗争。

8月30日，他还在工人联合会的会议上发表一次演讲，题目是关于欧洲的社会关系和无产阶级在革命斗争中的作用。

他在演讲中详细论述了欧洲各国的革命形势、阶级矛盾和无产阶级的革命斗争，并高度赞扬了各国流亡者在巴黎六月起义中的英勇表现，鼓励工人群众勇敢地投入到革命斗争中去。

在这次旅行中，马克思还广泛接触了小资产阶级民主派的团体和政治家们，希望他们对《新莱茵报》给以资金上的支持，却收获甚微。

只有波兰革命者们表现出了巨大热忱，虽身处困境，却肯解囊相助，给马克思凑集了2000多塔勒。

《新莱茵报》有了马克思筹集回来的钱，并未因退股风而停刊。

反动当局顿时恼怒了：9月中旬，把大批军警调到科伦，实行紧急戒严。警方冲进报社，下令《新莱茵报》立即停刊，并要逮捕报纸的几位重要成员。

好在这几个人已闻讯躲藏起来，才未被逮捕。

警方随之对这几个人进行通缉！在通缉的名单中就有恩格斯。

虽然形势十分危急，可恩格斯临危不惧，他希望留下来与马克思继续战斗。

而马克思却让这些人尽快到外地避一避风头，一旦被捕就可能被永远驱逐出境。

很快，恩格斯等人秘密地离开了科伦。

临别，马克思和恩格斯紧紧地拥抱在一起，互道珍重，并希望早日会合。

几位重要的战友都走了，特别是最亲密的战友恩格斯离开了身边，马克思顿感孤独与无助。

但他不想停止战斗，冒着被捕的危险积极争取《新莱茵报》的复刊。

此时，正值革命力量与反革命势力的斗争中，反动派还不能完全控制局势，经过马克思等人坚持不懈的努力，政府才勉强同意《新莱茵报》复刊。

政府这个堡垒攻下来了，复刊却面临巨大的困难——因报纸停办一个时期，办报经费已经全部耗尽，现在集资筹款不知要等到什么时候！

马克思忽然想到了家里的“救命钱”。

这天他回到家时已是深夜，自从办报以后，他深夜回家已是常事。

琳蘅和孩子们都已进入了梦乡，燕妮还在书房看书——每天都这样等着他回来。

马克思想表现得轻松些，却怎么也笑不出来。像每天一样，燕妮把备好的饭菜端到马克思面前，让他用餐。

马克思却握住了燕妮的手，他想说，却像有什么东西卡住了咽喉，要说的话，变成了一声轻叹。

“怎么了？亲爱的。”

燕妮露出关切、紧张又焦急的神情。

马克思镇静一下，说：

“政府终于同意报纸复刊了，但资金是个问 题……”

“你想动用那些救命钱？”燕妮问。

马克思点了点头，又说：

“你可以不同意，这是我们最后一笔财富，你有权利为这个家庭考虑……”

燕妮微笑一下，眼里却涌上泪水，说：

“我们把一切都献给革命了，还差这点钱吗？我同意。”

马克思急忙问：

“可琳蘅她万一……”

燕妮平静地说：

“我和她说，她会同意的。”

燕妮说着，轻轻地靠在马克思胸前，柔声说：

“摩尔，我什么困难都能克服，只要你高兴就好。”

马克思搂紧了妻子，眼睛也湿润了。

受审

《新莱茵报》胜利复刊了！

反动政府对马克思新的迫害也随之而来。

1848年10月14日，科伦地方法院传讯了马克思，给他扣上许多莫须有罪名，企图加害他。

反动派的这一无理举动激怒了当地广大人民群众，他们纷纷自发地来到法院门前，高呼口号向法院示威，要求立即无条件释放马克思。

在群众的巨大力量威慑下，法官们只得宣布马克思无罪，当庭释放。

10年18日，普鲁士封建贵族发动军事政变，霍亨索伦皇族的后裔勃兰登堡伯爵接管了政权。

新上台的勃兰登堡政府更加反动，镇压革命的手段也更为毒辣！

面对反革命势力的疯狂反扑，马克思决定号召人民拒绝纳税，以此进行反抗。他认为：这样做可以断绝政府财源，从而迫使政府向人民屈服。

11月14日，马克思以莱茵省民主主义区域委员会的名义发出号召：要求莱茵省居民立即行动起来，拒绝向政府纳税。

另外，他还在《新莱茵报》公开发表了一份要求人民拒绝纳税的呼吁书。

于是，许多地区的人民群众积极响应，掀起了不纳税的浪潮。

不纳税的浪潮震撼了反动统治当局。

11月17日，莱茵省的省督对马克思提出严重警告。

11月20日，科伦检察部门又控告马克思等人企图煽动叛乱。

于是，1849年2月8日，法院对马克思进行公开审讯，罪名是：“公开号召叛乱”、“诽谤中央政府”和“反对政府”。

审讯开始时，法官傲慢地问：

“姓名。”

马克思回答：“卡尔·马克思。”

法官：“籍贯。”

马克思：“我已经放弃了国籍，是世界公民。”

法官：“年龄。”

马克思：“三十一岁。”

法官：“现在，检察部门控告你犯有‘公开号召叛乱罪’‘诽谤中央政府罪’和‘反对政府罪’。你有权为自己辩护。”

马克思开始辩护：

“首先我完全无法理解，检察机关怎么能根据已被王权本身蹂躏的法律来控告我！我要说，这是一种怯懦的法制的伪善！”

他的声音如洪钟般震动全场，旁听的群众静静地聆听着。

他接着又说：

“我不承认自己有罪，而现在被王权操控的法律也不能给我定罪。如果有谁能够证明现行法律是公正的，为什么对政府接二连三的暴力行动不进行问罪和惩治！

“先生们，让我们睁大眼睛看看现在的政府吧，它在戒严的幌子下任意实行无限制的军事专制！它自己一方面蛮横无理地违犯一切法律，另一方面却要求人民遵守法律！

“他们控告我叛乱，不，我是在革命！而革命正是要消灭旧的政治上层建筑，其中包括旧的体系，因为法律历来是为统治者的利益服务的。因此，对于我这样的革命者，也就不存在什么犯法的问题。

“在此，我还想指出，德国的革命实质上是一场资产阶级民主革命，是资产阶级与封建贵族阶级之间的斗争，这是由于这两大阶级是建立在两种截然不同的经济基础之上的，这就决定了它们之间要进行一场你死我活的生死较量。它们之间不可能有和平，一个社会必然获得胜利，而另一个社会必然遭到失败，这是它们之间唯一可能的和解。

“我们都知道，普鲁士政府历来都站在革命的对立面上，它把革命看作暴力和罪恶，要用反革命暴力消灭革命，并凌驾于议会之上。

“而资产阶级议会则不敢团结和依靠广大民众，更不敢诉诸革命暴力，表现出了明显的软弱性！

“尊敬的法官先生们，你们今天可以判处我有罪，这并不奇怪，因为你们根本就是反动政府驯服的工具！可我要提醒你们和那些高官，等待你们的审判也决不会太远。因为无产阶级必将有一天取得胜利！”

在马克思大义凛然的慷慨陈词面前，法官们惊惧得低下了头，好像今天受审的不是马克思，而是他们自己。

驱逐，还是驱逐

在审判失败之后，反动当局变换了迫害手法，对马克思等人进行直接的人身威胁和恫吓。

面对这种情况，《新莱茵报》的工作人员们采取必要的防范措施，购买了八条枪和二百八十发子弹，以应付随时可能发生的突然袭击或歹徒们的捣乱。

让马克思欣慰的是：在审判前后，躲到国外避难的恩格斯等几个战友陆续又回到了他身边，继续在《新莱茵报》的旗帜下战斗了。

1849年3月28日，全德国预备国会经过长时期的争论，终于制定出一部统一的帝国宪法。

宪法虽然具有明显的妥协性和保守色彩，但与封建专制局面相比较仍具有一定进步意义，特别是它主张国家统一和保障人民的基本权利。因此，人民群众对宪法很支持。宪法还要经各邦批准才能正式生效。而各个大邦都采取了拒不承认的态度，由此在全德境内立即掀起了一场维护帝国宪法的运动。

到1849年5月，护宪运动发展成为一场声势浩大的武装起义——革命势力与反动势力的决战开始了！

马克思和恩格斯全力支持这场运动，他们希望通过这一斗争壮大革命阵营的力量，使之提高为建立一个民主共和国而战斗。

5月3日，起义在萨克森首府德累斯顿先开始。5月9日，爱北斐特也爆发了起义。5月10日，恩格斯奔赴爱北斐特前线，带去了两箱子弹。

《新莱茵报》为起义摇旗呐喊，大造声势。反动政府狂怒了，于是开始公开的迫害。

5月16日，马克思接到了驱逐令，限令他在二十四小时之内离开普鲁士。5月17日，反动政府发布了对恩格斯的通缉令。

鉴于这种情况，《新莱茵报》已经无法再办下去了。

5月19日，《新莱茵报》用红色油墨印刷了终刊号。终刊号上的告别词是一首战斗诗篇。

报纸停刊了，可马克思没有忘记那些报社的工人们。他认为必须在离开科伦前支付欠他们的薪金，另外还要还清欠下的债务。

可是，这时候报社经费已经所剩无几，怎么办？

马克思决定卖掉这架高速印刷机——这是办报之初他花800塔勒购入的。

机器卖掉了，燕妮又变卖了一部分家产，总算偿付了所有的工资和债务。

到此为止，马克思夫妇为《新莱茵报》总共损失了7000多塔勒。他们变成了真正一贫如洗的无产者了，所剩下的仅仅是一些藏书和一点点衣物。

马克思和恩格斯要到前线战斗，他让燕妮、琳蘅带孩子们先回老家特利尔去。

送走燕妮、琳蘅及孩子们，马克思和恩格斯来到了护宪起义最激烈的南德地区。

可是，他们对起义领导者提出的建议被拒绝了。

他们只好迅速转赴正在举行起义的巴登地区。在这里，他们的作战计划和正确主张同样遭到拒绝。

随后，他们来到了一个小邦普法尔茨，在这里他们仍然受到冷遇，还在一个公园里被当作起义者逮捕，好在没人认出他们，不久就被释放了。

经过这一番周折，马克思和恩格斯针对目前的形势，商定出对策：恩格斯返回普法尔茨继续从事革命活动；马克思则携带普法尔茨民主派的委托书赶赴巴黎，设法求得法国民主派对革命的援助。

就这样，在一个凄风苦雨的傍晚，两位亲密的战友再次分手了。

分手时，他们互相勉励，互嘱珍重，紧紧地握手，谁也不愿先松开……

6月初，马克思来到了巴黎，他立即感到这里紧张的气氛。

在与巴黎的民主派和无产阶级组织取得了联系之后，他才知道法国的形势已发生了急剧的逆转。

在去年六月起义之后，无产阶级和资产阶级共和派两败俱伤，却让法国大资产阶级君主派代表人物波拿巴趁机夺取了政权。

波拿巴是一代枭雄拿破仑的侄子，他的上台使法国政局日益走向反动。

马克思在巴黎找到住处之后，立即给特利尔的燕妮去信，让她和琳蘅带孩子们来巴黎与他团聚。7月中旬，燕妮和琳蘅带着孩子们来到了马克思身边。

燕妮告诉马克思特利尔已经被反动势力控制了，虽然没人敢对她们下毒手，却时常会遭遇到反动分子恶毒的咒骂和小市民们幸灾乐祸的目光。

与妻子和儿女团聚之后，马克思牵挂的就只有前线的战友们了。而最让他牵挂的就是恩格斯了。

令马克思夫妇感到难过的是，他们耳闻目睹了革命在全欧洲遭到了失败。

7月下旬，他们接到朋友来信，得知巴登和普法尔茨的起义已惨遭失败，却不知道恩格斯的消息。

这封信更加重了马克思夫妇对恩格斯的牵挂，两个人甚至悲观地猜测，恩格斯可能已经凶多吉少了。

他们每天都盼望着有恩格斯的消息。

7月的最后一天，燕妮突然接到一封来信，拆开一看，惊喜地叫起来："摩尔，摩尔！恩格斯还活着！他来信了！"

马克思从书桌前跳起来，拿过信，一口气把信看完，又递给燕妮，说：“他还担心我被捕了呢！我们必须马上给他写回信，不然他会像我们一样睡不着觉的。”

恩格斯在信中告诉马克思，他与马克思分别后很快就到前线参加了战斗，在最后这场战斗惨败之后，他随溃败的部队逃到了瑞士。他在巴登时就听说马克思被捕了，因看不到报纸，无法证实这消息真假，到瑞士后，才给巴黎的朋友写信，并让朋友把这封信转交给可能还在的马克思。

恩格斯还活着，这让马克思夫妇大感欣慰，可没过多久，厄运再一次找上门来。

8月23日，法国当局再次向马克思一家下达了驱逐令，限令他们二十四小时之内离开巴黎。

此时，马克思一家生活正处于贫困之中，根本凑不够全家人的路费，况且燕妮也快要分娩了。

马克思只好忍痛把燕妮、琳蘅和孩子们暂时留在巴黎，他只身一人于24日乘船去了伦敦。

马克思走后，燕妮大费周折，托人求情才获得居留到9月15日的许可。

燕妮办下居住许可时，马克思已经置身在去往伦敦的轮船上了。

他久久地伫立在甲板上，面对波涛汹涌的大海，心中百感交集……

逼债

1849年8月26日，轮船驶进了伦敦港，马克思又踏上了英国的土地。

对于伦敦这座历史文化名城，马克思后来有这样一句评价：伦敦不如巴黎豪华，但却比巴黎气派，也更丰富多彩。

在欧洲革命失败之后，这时的英国已成了各国革命流亡的一个中心，而伦敦更是许多人首选之地。

马克思在一个便宜的小旅馆住下来，立即给巴黎的朋友们写信，请他们尽快帮助燕妮和孩子们来伦敦与他团聚。

然后，他开始和伦敦的朋友取得联系，在朋友的帮助下，在切尔西区的安德森街租了一处窄小的住所。

刚安顿下来，他立即展开对那些革命流亡者的救助工作，免得这些人因流落街头冻饿而死。他认为这是需要做的工作中最急迫最重要的工作。

他向共产主义工人教育协会提出了一个建议，要求立即建立一个旨在救济革命流亡者的委员会。

他的建议被采纳了，他也被选为该委员会的领导成员。

该委员会很快便开始了卓有成效的工作，一面积极筹集款项和物资，一面发动了大规模的募捐活动。

他们在一份呼吁书中写道：

“我们希望大家都伸出援助之手，别让这些为人民自由而战斗的战士沦为街头的乞丐。”

不久，捐款陆续地寄来，连法国、美国、德国等国家也有捐款寄来。

救济委员会把筹集上来的钱，全部用在了需要救济的流亡者身上，大大缓解了他们的生活困难。同时，委员们还想方设法为他们寻找工作，安排住处，为那些希望去北美洲的人提供路费。

这期间，马克思的家对所有流亡者敞开着大门，他本人没有钱和物帮助这些人，可他能够用热情的微笑温暖这些人的心，用真诚的鼓励唤起这些人对人生的希望。

9月中旬，燕妮、琳蘅和孩子们来到了伦敦，这两间小屋一下子充满了欢声笑语。

燕妮更是给了那些上门求助的人慈母般的关怀，甚至小燕妮和小劳拉也知道为客人端上热水。

这时候，马克思一家经济上十分困难，但马克思带头遵守救济委员会的规定，从没有在救济金中领取过一点补助。

在对革命流亡者的救济工作顺利、有序地开展起来之后，马克思开始了另外一项重要的工作——重建党的组织。

因为这时候，原来的共产主义者同盟中央委员会实际上已不起作用了。各地的区部和支部有的被摧毁，有的处于自由涣散状态。而同盟过去的领导人有的牺牲或被捕了，有的则由于种种原因脱离了革命运动。

马克思等人为了重建党组织，首先对共产主义者同盟实行改组，建立了新的中央委员会。主要成员有：马克思、恩格斯、沙佩尔、维利希（和恩格斯在普法尔茨起义时并肩战斗过的起义军司令）、施拉姆等人。

在重建党组织的工作中，马克思还结识了后来成为好朋友的李卜克内西。

马克思一见到李卜克内西，就挺喜欢这个二十三岁的小伙子。得知对方参加了巴登地区的起义和护宪运动，而且在战斗中非常勇敢，他连声夸赞。

可是在交谈中，马克思发现李卜克内西虽有坚定的共产主义信仰，却对某些问题的理解还比较肤浅模糊，因此，他劝告这个年轻人，一定要多学习。

等第二次见面时，马克思郑重地送给李卜克内西一张书单，上面罗列了许多书目。他对李卜克内西说：

“大英图书馆是对所有人开放的，借阅很方便，非常适宜于研究和写作。我建议你把这些书籍认真地读一读。”

李卜克内西听从了马克思的劝告，照着书单认真学习、研究，思想觉悟和理论水平很快有了很大提高。他逢人便讲，马克思开列的书单让他获益匪浅。

马克思心系革命流亡者，关注党的组织建设，关心年轻的革命者成长，而他心里唯独没有他自己。

11月5日，燕妮顺利分娩，又生了个男孩。全家人非常高兴，马克思用父亲的名字作为儿子的名字叫亨利希。

可家里人都喜欢叫他小福克斯——因为11月5日是伦敦纪念心目中的英雄福克斯的日子。在很早以前，有个福克斯想炸毁议会大厦，却事泄被捕牺牲。

燕妮产后身体很虚弱，奶水很少，非常需要雇一个奶妈。可是奶妈的工钱实在太高了，她知道根本雇不起，就只好自己哺乳。

因为她奶水少，小福克斯因饥饿就拼命地吸奶，经常把燕妮的乳头吸破，鲜血就流进了孩子的小嘴里。

血又怎么能代替奶水呢？由于营养不足，小福尔斯身体一直很瘦弱，半夜常常饿得啼哭不止。

这一天，燕妮正在给孩子喂奶，突然胖胖的房东太太闯了进来，双手往腰间一叉，说：

“已经过了三天了，你们还没凑上房租吗？”

燕妮忍着乳头被孩子吮吸的疼痛，向房东太太赔个笑脸，说：

“您再宽限几天吧，我先生正在想办法。”

房东太太发出冷笑，说：

“想什么办法？我看你们的办法就是想硬拖着不给！像你们这种人我也不是没遇上过！哼！别以为我好欺负！告诉你，今天不交上房租，我就把你们轰出去！”

燕妮又央求，说：

“我们真的拿不出钱来，不怕你笑话，昨天我们为了吃饭还去典当了东西……”

“别说了！”

房东太太粗暴地吼了一声，摔门而去。

燕妮长舒了一口气，以为总算应付过去了。

可是不长时间，房东太太却领来了两个警察。

警察的样子并不凶，可说出的话让燕妮心里直发冷：

“我们决定查封这里的一切，等你们交上房租，再来取东西！限你们一个小时内离开房子！”

燕妮没有争辩和央求，她知道英国警察当然会偏向英国人。

琳蘅这时从厨房出来，生气地说：

“你们总得给我们点时间找到新的住处吧？天都快黑了，让我们睡大街呀！”

房东太太冷道：

“大街也不是没人睡！你们这些德国人不在自己的国家，都跑来这里，有大街睡就不错了！”

琳蘅还想争辩，被燕妮阻止了。她平静地对琳蘅说：

“给孩子们穿好衣服，把能吃的东西都带上。”

没到一个小时，一家人便走出了房门，眼睁睁看着两个警察在门上贴上封条。

房东太太临走时恶狠狠地说：

“到明天晚上你们交不上房租，这屋里的东西就归我了！”

“坏老太婆！”

小燕妮轻声骂了一句，然后躲到了琳蘅的身后。

他们只能站在狭窄的幽暗的过道里，经受进进出出房客们的白眼。

天黑了，马克思才回来。看见一家大小站在过道里，门上又贴着封条，什么都明白了。

他亲吻了孩子们，然后对抱着小福克斯、脸色苍白的燕妮说：

“我这就去想办法。”

望着转身匆匆离去的马克思，燕妮咬住嘴唇，强忍住泪水。

马克思心急火燎地四处奔走，却找不到一个肯收留他的房东。他知道，一家大小还没吃晚饭，难道这一夜就睡在阴冷潮湿的过道里吗？

他好不容易找到一个可以赊欠三天的小旅馆。这才急急忙忙返回，把一家大小送到了这家小旅馆里。

在小旅馆，他们只要了一间房，床并不够用，马克思只能睡在地上。这天晚上，三个大人都没吃任何东西，从家里带出来的食物只够孩子们吃的了。

惜 别

天上下着雪，干冷干冷的。街上除了不多的车辆，几乎看不到一个行人。路灯刚刚熄灭，街上的一切都在晨曦中渐渐变得清晰起来。

马克思这时已经走在去找施拉姆的路上了。他只穿着一件旧毛衣，外面是已经穿了几年的厚料西装。这些衣服根本不能抵御严寒，可是有什么办法呢？他的大衣三天前就送进当铺了。

来到施拉姆的住处，天已大亮，可雪还未停。见到他，施拉姆吓了一跳，急忙把一件厚毛毯裹在他身上，又给他冲了杯热咖啡。

马克思一口把咖啡喝下，才说明情况，让施拉姆帮他借些钱，至少得交上房租，把家里东西取出来，最重要的是他的藏书和一些笔记。

施拉姆说他立即去找李卜克内西，让马克思回小旅馆等着。

等马克思回到小旅馆时，他们的房间里却挤了不少人，又吵又闹，细看全是逼债的债主——菜店的老板、食杂店的店主、药店的经理等等。

原来，这些债主听说马克思家被查封，便追到这里逼债来了。

马克思只能请求债主们再宽限几天，他保证不会因躲债而私逃。

可是，债主们不相信他的话，瘦猴似的菜店老板甚至叫喊着，不还钱就去搬那些被查封的家具和东西。

“那么好吧，我带你们去我家！”

马克思说：

“如果你们认为有的东西可以抵债，就可以拿走！”

于是，马克思领着这些债主来到被查封的家。

好在房东太太不在，可能她想不到马克思会这么早找她还钱。

债主们争先恐后撕下封条，冲进室内，像抢劫似的开始往外搬东西——他们的心理是能得点什么是什么，万一马克思一家私逃，就什么也得不到了。

“把这个布娃娃还给我！”

突然，小燕妮不知从哪儿钻出来，拦住一个债主，又说：

“这布娃娃不能给你！我最喜欢它了，它是恩格斯叔叔送我的礼物！”

这时琳蘅抱着小劳拉也走到跟前。显然两个孩子怕她们的东西被“抢”光，才让琳蘅领她们来了。

琳蘅也害怕家里心爱东西被人抢走，急忙冲进屋去了。

而小燕妮仍然拦住那个债主要她的布娃娃。

债主却不肯给，说：

“这布娃娃值几个钱？够便宜你们的了！”

而他肩上还扛着一包什么东西。

“不！我要我的布娃娃！”

小燕妮哭起来，又说：

“这是恩格斯叔叔给我买的，我最喜欢它了！你把它还给我吧！”

哭着，转过身跑到马克思跟前，拉住马克思的手，哭着说：

“摩尔，好摩尔，帮我要回我的布娃娃吧！”

马克思还没开口，旁边有人大声地对那债主说：

“把布娃娃还给孩子！”

马克思循声望去，不由眼睛一亮。

说话的正是恩格斯，身旁站着施拉姆和李卜克内西。

小燕妮扭头看见恩格斯，哭喊一声，奔过去，扑进恩格斯怀里，大声哭起来。

恩格斯抱起小燕妮，接过债主递给他的布娃娃递到小燕妮手里，哄道：

“别哭，别哭。布娃娃要回来了，叔叔以后还给你买许多好看的布娃娃！”

由于恩格斯三人的及时到来，才使马克思一家未被债主抢劫一空。他们替马克思还了没抢到东西和不屑抢东西的债主的债务。

下午的时候，胖胖的房东太太来了，见房门大开，正要发作，马克思把房租钱递到她面前说：

“我可以多给你三个便士，你不用找了。”

由于恩格斯的及时到来，再加上施拉姆、李卜克内西的倾囊相助，马克思一家总算可以在小旅馆暂住下来。

恩格斯来伦敦是应马克思之邀，要协助马克思创办一本刊物。

马克思来到伦敦后就有办刊物的打算。因为他知道，有必要对刚刚结束的革命进行全面总结，以不断丰富发展科学共产主义理论，提高无产阶级的政治觉悟，从而推动革命走向胜利。

他认为，在当时的条件下，刊物当然是信息量最大和社会覆盖率最高的一种宣传媒体。如果能创办自己的刊物，对总结革命经验、宣传革命思想，当然大有帮助。

可是，他是知道创办刊物的艰难的，《新莱茵报》几乎让他倾家荡产了。

恩格斯来到伦敦之后，他告诉马克思，要创办刊物，在经济上他是无能为力了。因为他的家庭已经与他断绝了经济联系，连一点生活费也不给他了，理由是他在外面惹是生非，不能为家庭的事业出一点力。他一直是靠写新闻稿勉强度日。

马克思和恩格斯经过商量，决定还是用征集股份的办法创办刊物。经过一番艰辛的奔波，到1850年初，创办新刊物的事有了可喜的进展。

刊物暂定为月刊，如果发展好了以后就改为日刊。

刊名叫《新莱茵报——政治经济评论》，仍然想借助以前《新莱茵报》的影响力。

由于控制着经济实力的出版商对创刊号稿件内容太激进有意见，刊物不得不推迟出版。

1850年3月，该刊物创刊号终于在汉堡出版了。

新刊物的出版，作为主编、副主编的马克思和恩格斯大感欣慰。而他们想用新刊物来缓解贫困生活状况的愿望却落空了。

到1850年秋天，马克思一家已经多次搬家，能典当的东西都送进当铺去了。

更让人心疼的是小福克斯，已经更加瘦弱不堪，还患上了抽风病，日夜挣扎在死亡线上。

燕妮是那样的坚强，可面对小儿子的饥饿和病痛，也忍不住背着马克思悄悄流泪。

一天，恩格斯到马克思家，碰巧听见了燕妮与琳蘅令人心碎的对话，她们正为下顿吃什么而犯愁呢。

恩格斯没有进屋，他离开马克思家，开始了沉重的思考。

终于，他痛下决心：决不能再这样下去了。情况已经非常严峻，再不想办法，贫困和疾病会摧毁马克思一家！

随后，恩格斯找到马克思，说：

“与其我们两个一齐毁掉，不如让我做出牺牲吧。你的理论研究放不下，革命的大厦也得靠你支撑着，可我们不想让贫困把你击垮！”

马克思已经猜到了恩格斯的决定，说：

“你想回到商界去？”

恩格斯点了点头，说：

“我已经和我父亲写信联系了，他非常高兴我重返那该死的生意场！你放心，什么时候你的生活好转了，我就回来！”

马克思想说什么，却没说出口，只是重重地拍了拍恩格斯的肩膀。

在一个深秋的早晨，马克思在火车站送别恩格斯。

“替我向燕妮、琳蘅和孩子们问好。”

恩格斯这么说：

“我不想去和他们告别，他们的泪水会让我感到心酸！”

马克思轻叹一声，说：

“你一到曼彻斯特就写信来。读你的信已经是我们家最快乐的事情了。”

恩格斯说：

“我父亲原来想让我去加尔各答，但我想离伦敦太远，尽管待遇比曼彻斯特好，还是选择了曼彻斯特！”

顿了顿，又说：

“你要多注意身体，特别是要少抽烟！”

马克思点了点头。

该进站上车了。

两个人紧紧地拥抱在一起，久久不愿分开。

他们虽然是分别了，可两颗伟大的心灵仿佛贴得更紧了。

迫 害

1850年11月19日上午10时左右，马克思的小儿子小福克斯突然抽风病发作，在剧烈地痉挛中停止了呼吸。

而他刚刚度过一周岁生日，就这样紧紧地抓着母亲燕妮的手痛苦地去世了。

全家人哭声一片。

燕妮更是悲痛欲绝，长久地抱着小儿子的尸体不松开。

马克思忍着悲痛，当天给恩格斯写信，让恩格斯来信劝慰一下燕妮，他说妻子已经近乎失常了。

很快，恩格斯来信了，又寄来了钱。

丧子之痛还未平抚，新的迫害又降临到了马克思头上——英国政府对他的政治迫害公开化了。

一天，李卜克内西来看望马克思，带来一张有诽谤马克思内容的报纸，说：

“你看看，政府在散布谣言，说你是杀死普鲁士国王的背后主谋！”

马克思看完报纸，气得半天没说话。

普鲁士国王是1850年6月份被谋刺身亡的，案件已经告破，凶手是保皇党人、陆军中士泽弗洛盖。然而，反动政府却要把这件事嫁祸到马克思和共产主义者同盟头上。

事件发生后，普鲁士政府立即对英国政府施加压力，怂恿英政府打击迫害马克思，把他从英国驱逐。

英国政府对马克思的革命活动早有戒心，也深感头痛，正为迫害找不到借口，于是派出警察暗探对马克思全家进行监控，声称马克思与谋杀事件有牵连，要随时接受审查。

现在，又公开在报纸上造谣，这当然是为进一步迫害造舆论。

这时，李卜克内西说：

“咱们不能再沉默了，他们是要用舆论蒙蔽欺骗不明真相的群众。企图对你进行公开的迫害！”

马克思平静下来，说：

“是到了应该反击的时候了，我要写一封公开信，把反动政府的阴谋和卑鄙伎俩公诸于世。”

很快，马克思的公开信在报纸上发表了。在信中他揭露了反动政府迫害他的阴谋，让广大民众明白了事实真相，纷纷谴责英政府的拙劣行径，迫使英政府对马克思的迫害转入地下。

刚到这年年底，马克思主编的《新莱茵报——政治经济评论》就被迫停刊了。

停刊的原因是反动政府收买了控制刊物经济实权的出版商，使之退股，把资金撤走。

刊物停办，又不能发表文章，马克思一家没有了任何经济来源。加上物价高得惊人，单是住房一项他们就吃不消。

1850年12月，经过数次搬家的马克思一家，迁居到索荷区第恩街。这里是人烟稠密的贫民区，又脏又乱，没有自来水和医院，街灯也很少，常常流行可怕的疾病。

马克思一家租住的是两间阴暗潮湿的房屋。对于当时的居住情景，不妨看看暗探的秘密报告：

他们一家住在城内一个最糟糕因而房租最低的地区。他们有两个房间，临街的一间是客厅，后面是卧室。在这套住房里没有一件家具是干净牢固的。就是一个旧货商人，也会对脱手这么一堆破烂货而感到羞愧。

走进马克思的房间，迷蒙的烟雾会刺得你两眼泪流不止，以至于一时感到像是在洞穴中摸索徘徊。

随着对烟雾渐渐适应，就能够辨别出一些从迷雾中显现出来的东西，每件东西都很脏，布满灰尘，因此坐下来竟成了危险的事情。

屋里有把三条腿的椅子，还有一把四条腿的椅子，而孩子们正在上面做炊事游戏。这就是给客人坐的椅子，可你一旦坐下去，你的裤子就别想要了。

马克思窄小的书桌周围和上面堆满了书籍，他显然没有固定睡觉和起床的时间，他常常不顾疲劳地夜以继日地连续工作，有时彻夜不眠，然后午间就挪开堆在破沙发上的书和衣而睡，直到晚上。他从不为进进出出房间的所有外界情况所惊动。

住房的情况已经如此恶劣，吃饭的情况呢?

马克思常常要为全家人的吃饭问题四处奔波。在他给友人的一封信中这样写道：

> 一星期以来，我已达到非常痛苦的地步。因为外衣送进了当铺，我不能再出门，因为不让赊账，肉根本不敢想了。
>
> 几个星期以来，特别是最近的两个星期，我每天不得不奔走六小时去找那可怜的6便士，为了全家人能在牙齿上放点什么……

由于居住环境的恶劣，又长期营养不良，再加上操劳过度，病魔的光顾也就不足为怪了。

马克思原本十分强壮的身体逐渐垮了下来，患上了眼疾和风湿，燕妮和管家琳蘅也是疾病缠身。

对此，马克思在给恩格斯的信中说：

医生，我们过去不能请，现在也不能请，因为我们没有买药的钱。八至十天以来，家里吃的只有面包和土豆，今天是否能够弄到这些还成问题，在现在气候条件下，这样的饮食自然没有什么益处，可我们只求填饱肚子。给德纳的文章我没有写，因为我连读报用的便士也没有……

1851年3月28日，燕妮又分娩了，这是她生产的第五个孩子，是个女孩儿。马克思夫妇为这个女儿起名叫弗兰契斯卡。

这个女儿出生离小福克斯的去世仅隔四个月多一点，作为母亲的燕妮正经受着忧伤和病痛的折磨。

为了给这个十分衰弱的女儿买点营养品，马克思四处求借，但收获甚微。幸好恩格斯的汇款到了，才能了燃眉之急。

马克思从恩格斯的信中了解到，恩格斯刚返回商界，收入并不高，没有固定的薪水，只有为数不多的交际费和生活费。

就这样，恩格斯总是省吃俭用，把节省下来的钱汇给马克思。钱不定期地寄来，钱数也有多有少。

所以，恩格斯基本能保证马克思一家饿不着，却一时还不能把他家立即从贫困中解救出来。

正在马克思为小女儿的健康担忧的时候，他听到了一个更让他痛心疾首的消息：一批共产主义者同盟的优秀成员和骨干被捕了！

原来共产主义者同盟中央委员会于1850年的下半年迁往科伦，由于内部分裂，引起了反动政府的注意，招致当局公开迫害。

1851年5月的一天，普鲁士警方在莱比锡火车站逮捕了共产主义者同盟的一个密使，从这个密使身上搜出了部分盟员的通讯地址。

根据这条线索，反动军警立即进行大逮捕，许多盟员和中央委员被投入监狱。幸好有一个盟员躲过搜捕，火速赶来伦敦，向马克思报告了这一消息。

马克思立即把这件事写信告诉了恩格斯，共同商议营救的办法。

然后，他一面开展营救工作，一面派人前去探望照顾被捕者的家属，以减轻他们的痛苦。

燕妮也抱病给所熟悉的被捕者家属写去慰问信。

为了粉碎反动政府的政治阴谋，揭露他们散布的种种谎言，马克思和恩格斯想方设法在报刊上发表文章，揭露警察当局制造假证和散布谣言的丑恶行径。

通过卓有成效的营救工作，使警方不得不承认他们提供的“罪证”多是伪造的。这样一来，如果按照正常的法律程序审判，所有被捕者都应判无罪释放。

但是，普鲁士政府对法官和陪审员们施加了巨大压力，迫使法庭宣判了十一人中的七人有罪。

马克思听说之后，气愤地说：

“这些人的罪名是事先就确定好了的，因为他们是站在由陪审团法庭所代表的统治阶级面前！”

这个案件结束后，在马克思指导下，在伦敦成立了一个委员会，旨在对被判罪者及其家属进行救济。

马克思还写了一部新的著作——《揭露科伦共产党人案件》。

书中对普鲁士国家制度的丑恶本质进行了深刻的剖析批判，揭露了司法部门的不公正性和陪审制度的阶级性。

重病

1851年12月2日，法国的波拿巴发动反革命政变，控制了巴黎，强行解散法国国民议会，在全国范围内进行大搜捕，建立起波拿巴专政。

恩格斯获悉之后，立即给马克思写信，建议马克思写一篇评论这次政变的文章。

马克思欣然接受了这一建议，立即收集资料，很快就日夜写作起来。

可是，到1852年初，一天下午马克思正伏案写作，突然昏迷在书桌上，自此卧床不起。

燕妮让琳蘅去通知了施拉姆和李卜克内西等人，并亲自给恩格斯写了一封信。

马克思重病在床，却没钱去医院，朋友们只好请来小诊所医生诊治，是肝病，也是马克思家的遗传疾病，他父亲就死于肝病。

马克思这次病倒并不是偶然的，生活的困苦，过度的劳累和太多的打击，就算他是钢铸铁打的身体也受不住啊。

而最让他痛心的可能就是自己苦心经营的、共产主义者同盟内部的分裂，导致了“科伦共产党人案件”。

按照马克思的观点：新的革命只能在新经济危机爆发后才有可能出现。所以，在1848年革命之后，共产主义者同盟的任务应该是发展和宣传科学共产主义理论，培养干部，长期地为革命积聚力量。

但是沙佩尔和维利希（曾和恩格斯并肩作战过的那个起义军司令）

却坚决地要进行暴力革命。

维利希公开叫嚷："没有毅力和意志就没有革命的胜利！靠玩笔杆子是没有出路的，我们要么马上拿起枪杆子进行战斗，要么就躺下睡大觉！"

沙佩尔说得更加直截了当：

"现在反动政府已经举起了屠刀，我们决不能等死，必须立即行动起来。如果你们不愿意参加我们的战斗，咱们就各走各的路吧！"

就这样，以马克思、恩格斯为一方的"理论派"，与以沙佩尔、维利希为一方的"战斗派"，把共产主义者同盟一分为二。

两派不仅多次进行口舌之争，有一次拥护马克思主义的施拉姆还与维利希进行了一场决斗。

决斗结果是施拉姆头部被子弹擦伤，万幸中保住了一条命。

在二人决斗之后，马克思想出了一个权宜的办法，把同盟的中央委员会转移到科伦，在伦敦成立两个区部委员会，二者互不隶属，但都属于一个党。

但出乎马克思意料，"战斗派"中的人在科伦公开叫嚷要革命，引起了反动政府注意，以致密使被捕，招致多人被捕并被判刑。

马克思虽然卧病在床，却未中止写作，他有时强撑着写，更多的时候是躺在床上口述，由燕妮做记录。

就这样，在1852年3月25日，书稿终于完成了，名为《路易·波拿巴的雾月十八日》。

李卜克内西是这样评价这本书的：

> 如果憎恨、轻蔑，对自由的热爱曾经在什么地方用燃烧、破坏和激昂的语句表达过，那就是在《路易·波拿巴的雾月十八日》这本书里，这本书把塔西佗的严肃的愤怒、尤维纳利斯的尖刻的讽刺和但丁的神圣的怒火综合在一起了。

在该书中，马克思再次深刻地总结了1848年欧洲革命的经验教训，并对革命后直至政变的政局变化做了全面研究，进行了科学的理论总结，而在同时代中，他是能够对上述问题做出正确分析解释的第一人。

马克思整整重病了一个月，他病好不久，沙佩尔竟然由李卜克内西陪着来看望他了。

“我是特意来向您道歉的。”

沙佩尔一进门，就对马克思诚恳地说。

马克思夫妇像从前一样对沙佩尔表示出足够的热情友好。

沙佩尔又说：

“通过亲身参加革命实践和对理论的研究，我认识到自己以前分裂组织的错误，我很懊悔，我那时太冲动了。我对组织和对您的伤害令我一直感到寝食难安！我决定从今往后与维利希那些冒险主义分子划清界限，回到您身边来，在您的领导下战斗！”

马克思听完非常高兴，笑着说：

“很好，真的很好！咱们还是好朋友！”

顿了顿，又说：

“既然你今天来了，我就想与你商量一下，我正在考虑解散同盟……”

沙佩尔一怔，问道：

“为什么？”

马克思说：

“在科伦案件之后，同盟已经陷入了瘫痪状态，如果继续存在会受到新的更疯狂的迫害。而就目前的欧洲形势看，新的革命高潮不会马上到来，我们再用旧的形式进行活动显然不行了。”

沙佩尔点了点头，说：

“您说的有道理，我同意！”

就这样，根据马克思的建议，1852年11月17日，共产主义者同盟解散了。

雪上加霜

到1863年，马克思已经四十五岁了。这时正值壮年，他经过了千锤百炼，意志更加坚毅，可身体状况却很糟糕，先后患上了眼疾、风湿、失眠、痔疮等疾病，最严重的还是肝病。

另外，由于通宵达旦地工作，他毫无节制地抽烟——他因为没钱，只能抽那些质量低劣的烟草，他的肺部也受到了损伤。

到1863年，马克思一家已到伦敦十四年了，这十四年他们一家一直同贫困和疾病做斗争，在死亡线上苦苦地挣扎。

更令人痛心的是，跨入了1863年，他们的生活状况仍然得不到改善，而且一天比一天艰难了。

在1863年1月的一天，马克思不得不再次向身边的朋友求救，他描述家中的悲惨状况时说：

家中几天已经没有一个便士了，也没有一样可以送进当铺的东西了。所有人都在生病，最重的两个女儿已经卧床不起，家中缺少煤和食物，菜店和食杂店还有药店都拒绝向我们赊账，而房东因我们交不起房租几次威胁要把我们赶走——但不管去哪里，我们都没有钱支付路费……

在向朋友借到一点吃饭钱后，他们一家人已经再求借无门，只能等着盼着恩格斯快点寄钱来。

终于，恩格斯来了信，信中奉献给马克思一家的是他那颗快要破碎的阴冷孤寂的心灵：

恩格斯告诉马克思，在他父亲去世之后，母亲又患了重病，而就在写信之前，他亲爱的妻子又患病去世了……

马克思当即给恩格斯写信，但却一时没钱邮寄。

恩格斯随之来了第二封信，对马克思一家的冷漠表示意外和震惊，他抱怨他们在他最需要支持和慰藉时竟吝啬得不说上只言片语。

接到恩格斯抱怨的信，马克思一家都感到了灾难降临般的恐惧与悲哀。

马克思立即写了第二封信，连同第一封信交给琳蘅，让琳蘅送给李卜克内西帮助寄出去。

琳蘅走后，马克思长久地站在窗前不动，直等到琳蘅回来说信已经寄走了，他才在书桌前坐下，又点着雪茄慢慢抽起来。

他觉得，恩格斯的抱怨，是近十年里所有打击中，最让他痛苦的——

1853年春天，刚一岁多一点的小女儿弗兰契斯卡终于被病魔夺去了幼小生命。女儿死了，家里竟然拿不出钱为她买一口小小棺材。燕妮发疯似的四处求人，最后是一位法国流亡者借钱给她，才使这个弱小的灵魂有了安息之处。

燕妮在一封信中说：

可怜的孩子同死神搏斗了三天，受了许多罪，失去灵魂的小尸体停放在后面的小房间里，我们大家都搬到前面的房间里来，夜晚就睡在地上，三个活着的孩子同我们在一起，我们不住地哭停放在身边的小天使。她已经冰冷地长眠了。

1855年4月6日，马克思一家遭受了一次最沉重的打击——他们八岁的爱子埃德加尔死了！

埃德加尔是全家的宠儿，天赋很高，又聪明好学，经常学唱听来的歌曲，为家里增添了不少的欢乐。

他对大人给他讲的故事过耳不忘，甚至能大段背诵歌颂普罗米修斯的诗篇。

他在贫苦中长大，最讨厌债主上门逼债。有一次一个面包房老板来讨债，他拦住门不让进，说全家人都不在，硬是把那债主堵了回去。

他总是能在全家人愁眉不展时想法逗大家开心，在吃东西时从来知道相让……

他曾经勇敢地与疾病搏斗，但他太弱小了，在没有药物和医生的帮助下，他怎么能挺过来呢？

他得的是胃病，是长期饥饿造成的。当他在马克思怀里静静地闭上眼睛时，他已经骨瘦如柴……

儿子死后，马克思在给友人的信中说：

亲爱的孩子曾经使家中充满了生气，是家中的灵魂，他死后，自然完全空虚了，冷冷清清，简直无法形容。我们怎么能没有这个孩子，我们已经遭受过各种不幸，但直到现在我才懂得什么是真正的不幸。我感到自己完全支持不住了……

儿子死时，燕妮几次哭昏过去，事后一连几天茶饭不思。而这时，她刚刚生下小女儿爱琳娜才三个多月——很难想象，如果没有襁褓中嗷嗷待哺的小女儿，她是否还会活下去。

1856年7月，马克思听到了好友维也特在古巴患重病去世的消息，他感到痛惜不已。维也特是马克思创办《新莱茵报》时的老朋友，在反动政府疯狂搜捕恩格斯等人时，是他坚持留下来与马克思并肩战斗。他是马克思家最欢迎的客人，连全家人都喜欢他。

1857年，马克思在医院又永远送别了一位亲密的战友——施拉姆。

施拉姆直接帮助过马克思创办《新莱茵报——政治经济评论》，为人正直善良，为了维护马克思曾与维利希决斗差点丧命。对他的去世，马克思一家都非常难过。

在1853年到1863年这十年的凄风苦雨中，死亡的阴云一直笼罩着马克思一家，然而，马克思并未停止研究和工作。

在这期间，他两年时间写完了著名的《政治经济学批判》。此外写下的文章有：

《意大利的统一问题》《欧洲的战争前景》《路易——拿破仑的处境》《法国的战争前景》《意大利赢得了什么？》《媾和》《维拉弗兰卡条约》《普鲁士的战争前景》《普鲁士对战争的看法》《斯普累河与明齐河》《一八五九年的爱尔福特精神》《柏林的情绪》等等。

在这十年期间，马克思还为美国的民主派报纸《纽约每日论坛》写了几百篇文章，这些写作占用了他进行经济学研究的大量时间和精力，可他不愿放弃这一挣稿酬的机会。

在给恩格斯寄去信后，马克思一连几天心绪不宁，他急切地期待着恩格斯的回信。

终于，恩格斯回信了，承认他误会了马克思一家，在信中他诚恳地说：

“让我感到无比高兴的是，我没有在失去爱妻的同时再失去自己最老的和最好的朋友。”

恩格斯还同时寄来了100英镑的汇款。

隔阂消除了，友谊恢复了，马克思一家人深感欣慰。

马克思立即给恩格斯写回信：

> 我简直无法表达对你的感激，虽然在我内心深切地感受到你的友谊是多么富有自我牺牲精神，而不需要再来证明。不过，如果你看到我的孩子们那种欢乐的情景，那对你来说就是最好的补偿。

这一小插曲并未损害他们伟大的友谊，反而让他们的关系变得更为密切深厚了。

1863年11月，对马克思的又一个打击来了，他听到了从家乡特利尔传来的噩耗——他的母亲去世了！

由于凑不够全家人的路费，马克思只好独自一人匆匆返回家乡。

马克思也曾扪心自问，自知对得起祖国，可却对不起父母和家人：现在母亲与世长辞了，让他失去了补报的机会。

走出困境

马克思在老家特利尔住了两个多月，料理完母亲的后事，他还拜访了所有的亲戚。是啊，多年不回老家了，他想看的东西太多了，因为家乡的一草一木都能引起他美好的回忆。

1864年2月，马克思从家乡返回伦敦。不久，他获得了母亲留下的一笔遗产。

马克思夫妇用这笔钱偿还了所有的债务。

他们看着三个渐渐长大的女儿，决定改变一下居住环境。

于是，在3月份，马克思一家迁到了伦敦城西北的哈佛斯托克山·梅特兰公园路附近的莫丹那别墅。

新居的条件与以前相比，那真是天堂一样，不仅明亮宽敞，而且美观大方。

新居的外面就是美丽如画的梅特兰公园。这里以前是封建诸侯们游玩的场所，到处草木葱茏，浓荫铺地。还有赏心悦目的鲜花，真让人流连忘返。

在搬进新居前，马克思全家动手，把新居精心装饰了一番。

新居最宽敞明亮的地方是马克思的工作间，这里也是他的起居室，兼作会客厅。一扇宽大的窗户可以俯瞰公园美景，光线充足。在壁炉旁和窗对面的墙边摆放着装满书籍的书柜，上面堆着一包包报纸和稿件，一直摞到了天花板。壁炉对面靠墙的一边有两张桌子，房间中央光线最好的地方有一张很大的写字台和一把木制安乐椅，在椅子和窗子的一个书柜中间放着一张皮沙发，马克思有时就躺在上面休息。

壁炉上面放着书，还有雪茄烟、火柴、烟盒、吸墨纸和女儿、夫人以及沃尔弗和恩格斯的照片。

工作间的地上铺了一张绿色地毯，经过马克思踱步时的踩踏，上面出现了小径般的痕迹。

新居的厨房在地下室，也很宽敞，琳蘅甚至说这厨房好于他们以前住过的所有房子。

小燕妮特别喜欢植物，她在大厅里隔开了一个小小花房，栽种了许多好看又散发出香气的花草。

而爱琳娜则对小动物感兴趣，便豢养了些小猫、小狗之类的宠物，为家中增添了不少生气和情趣。

马克思像（摄于1866年）

1864年是马克思本人非常走运的一年，如果勉强说有什么不愉快的事情，就是沃尔弗的去世了。

1864年5月9日，沃尔弗在曼彻斯特因病去世了。在他病危的最后几天，马克思、恩格斯一直守候在他身边。

沃尔弗一直和恩格斯并肩战斗，后期与马克思见面的时候并不多。

沃尔弗临终时握着马克思和恩格斯的手，说了这样一句话：

“我此生能够与你们这样伟大的人物相识相知，并肩一起战斗，已是虽死无憾了。”

等清理沃尔弗遗物时，他们发现沃尔弗早写好了遗嘱，并惊讶地发现这个一生简朴的单身汉居然积存下来1000多英镑（这在当时可以说是一笔巨款）。

遗嘱上详细写明了这笔巨款的分配：100英镑给曼彻斯特席勒协会；100英镑给恩格斯；100英镑给博尔夏特医生；其余的700多英镑和其他财产给马克思。

马克思从不轻易落泪，但面对亲密的战友这巨额遗产时，他禁不住潸然泪下。

有了这笔遗产，使马克思几年的生活有了基本保障，让他把全部精力都投入到了《资本论》的研究写作工作之中。

后来《资本论》第一卷出版时，在首页，有这样的题赠：

献给
我的不能忘记的朋友
勇敢的忠实的高尚的无产阶级先锋战士
威廉·沃尔弗
1809年6月21日生于塔尔瑙
1864年5月9日死于曼彻斯特流亡生活中

1864年，让马克思高兴的不仅是迁入新居，摆脱了贫困，还有“第一国际”的诞生。

1864年9月28日，国际工人大会在伦敦圣马丁堂内隆重召开了。

这次大会是革命运动新高潮带来的必然结果：1863年7月22日，英法两国工人在伦敦举行了一次声援波兰民族起义的大会，抗议沙皇俄国对起义者的野蛮镇压。

会后，英国工人阶级发出呼吁，要各国工人团结起来共同战斗，并建议召开一个有各国工人代表参加的国际会议，以讨论支援波兰起义和各国工人联合斗争的问题。这一建议得到了法国等国家工人的热烈响应。

鉴于马克思对国际工人运动的巨大贡献，英法工人组织决定邀请他出席这次盛会。于是派一位叫吕贝的代表来邀请马克思。

马克思经过认真思考，答应了邀请，但决定不在会上发表演讲，而是推荐了一名工人代表埃卡留斯在会上发言。

马克思不发表演讲，主要原因是不想让反动政府为公开迫害他找到借口。

盛会的确是盛况空前，有许多面红旗悬挂在会场四周和主席台上方，台下是来自各国数千名工人代表，热情洋溢，谈笑风生。

马克思被请到主席台就座，吸引了所有人无比崇敬的目光。他没演讲，但经过他润色的埃卡留斯的演讲词赢得了各国代表高度赞扬。

在这次盛会上决定成立一个国际性的工人组织——国际工人协会（简称国际）。

大会民主选举出了领导机构，并下达了起草国际成立宣言和章程的任务。

由于领导委员会对别人起草的国际成立宣言和章程不满意，这一艰巨的任务又落到了马克思身上。

马克思没有拒绝，10月27日写完了这两个文件草稿，小作修改后，便获得一致通过。

马克思起草的《成立宣言》和《共同章程》被“第一国际”接受，这表明第一国际也接受了马克思主义作为它的指导思想，从而使科学共产主义理论在征服世界的道路上又向前迈进了一大步。

由于马克思参加了“第一国际”的工作，家中来客频繁，开支日益增大，为了节省钱，马克思旧病复发也不去看医生，而是喝自己熬的草药汁，仍然坚持繁重的工作。

1865年春天，病情严重了，他不得不停止工作，在家人和朋友们劝说下，来到扎耳特博默耳的舅父家休养。

扎耳特博默耳是荷兰的一座著名小城，风景优美，很适合休养。

马克思的舅父莱昂是个富商，是个具有民主主义思想的开明人士，他与马克思很谈得来。

马克思还有一个叫南妮达的表妹，活泼开朗，很崇拜马克思，经常向他问一些离奇古怪的问题。有一天，南妮达竟然让马克思填写一份《自白》。马克思很认真地填写了，其中几个问题他是这样回答的：

您喜爱的优点——淳朴。

您的特点——目标始终如一。

您对幸福的理解——斗争。

您对不幸的理解——屈服。

您能原谅的缺点——轻信。

您讨厌的缺点——逢迎。

您喜爱的英雄——斯巴达克、刻卜勒。

您喜爱的格言——人所具有的我都具有。

《资本论》

1867年3月底，马克思终于写完了《资本论》第一卷的书稿。

当他写信告知恩格斯时，恩格斯欣喜若狂，回信祝贺说，这是全世界无产阶级的大喜事。

马克思十分担心这部著作会在邮寄过程中丢失或被反动派没收，于是决定亲自送给汉堡的出版商。

1867年4月初，马克思乘船去汉堡，途中遇到风暴，由于轮船剧烈颠簸，让马克思平生第一次晕船了。

他心中也没底了：如果轮船在海上出了事，自己生死事小，可这部倾注了自己太多心血的著作岂不也要永远地葬身大海了吗？

中文版《资本论》

马克思大半生都在研究政治经济学，而《资本论》正是他多年心血与智慧的结晶。

马克思对政治经济学的研究工作，或者说《资本论》的准备和写作主要是在伦敦大英图书馆里进行的。

大英图书馆是欧洲最大的图书馆，图书资料非常丰富，特别是收藏着政治经济学史的大量资料。

另外，大英图书馆阅览室条件非常

好，光线充足，冬暖夏凉，管理人员也十分热情、耐心和礼貌。

马克思从1850年下半年，即到伦敦的第二年就几乎天天到大英图书馆工作了。当时他家正在贫困之中，居住条件极为恶劣，来这里工作真是再好不过了。

马克思几乎天天都要在大英图书馆工作八九个小时，不闭馆他不离去，一开馆他总是第一个进来。

时间长了，图书馆管理人员都熟悉他了，甚至为他保留他常坐的那个座位。给管理人员印象最深的是，这个大胡子学者看的书太多太杂，他的桌子上的书常常堆积如山。

这并不奇怪，据不完全统计，马克思在研究政治经济学过程中，大约读了一千五百多部著述，仅在写作《资本论》时就阅读了八百余部。

在图书馆有一堆又厚又重的蓝皮书，这种书一向无人阅读，于是被议员们当作射击的靶子——可以根据子弹穿透的页数来检测武器的威力。马克思为了写关于工厂法的章节，几乎把这堆蓝皮书全部翻阅了一遍。

可见，他写作《资本论》时极为认真，精益求精。

外语对马克思的理论研究工作也帮助不小。

他认为外语是人生斗争的一种武器，十七岁时就较熟练地掌握了四门外语，在他后来又学会俄语后，已能够阅读几乎欧洲所有国家的文字，并且能够用英法德三国文字写作。

这种高超的外语能力，使马克思轻松自如地阅读、运用各个国家和民族的大量资料和著述，对他的政治经济学研究工作起了巨大推动作用。

在整个研究和写作过程中，他也曾经受过种种干扰和影响，主要是来自贫困和疾病。

他停止过，却没有放弃，因为研究工作已经是他生命的一部分。

马克思是在1859年写完《政治经济学批判》的，而他实际写作《资本论》第一卷却用了八年时间。

花了这么多心血写成的著作，难怪马克思格外珍爱了。

好在天遂人愿，海上风暴未能造成灾难。1867年4月中旬，马克思携带《资本论》的手稿来到汉堡，把它亲自交给了出版商。

工作中的马克思

1867年9月14日，《资本论》第一卷正式出版了。

《资本论》第一卷的问世像一枚掷向资本主义制度的重磅炸弹，震撼了整个资本主义世界，让依靠剥削工人剩余价值为生的资本家阶级惊恐万状。而广大无产阶级则热烈地欢迎它的诞生，把它看作是无产阶级的“圣经”。

1867年9月下旬，第一国际在召开的代表大会上做出了学习《资本论》的重要决定。

1868年9月，第一国际布鲁塞尔代表大会又专门通过一项决议：感谢《资本论》的作者马克思为人类做出的巨大贡献。

很快，《资本论》第一卷被翻译成法文、俄文和英文等各种版本，在世界各国广为流传。

光荣的失败

《资本论》第一卷出版后，马克思的经济条件已经有所好转，恩格斯认为他已经完成了使命，开始考虑退出令他讨厌的商界了。

1869年7月，恩格斯最终做出了退出商界的决定，他立即给马克思写信，说：

“真是太好了！从今天起可以不再搞这个‘可爱的’商业了，我是一个自由人了！”

1870年9月，恩格斯料理完曼彻斯特的全部事务后，乘火车来伦敦与马克思团聚。

恩格斯一出火车站，就见马克思大步地迎向他，他也快步地迎上前去，近了，更近了……

恩格斯丢掉了手里的提包……

终于，他们热烈地拥抱在一起，这是胜利的拥抱。

怎能忘二十年前的那个深秋，他们就是在这里依依惜别，恩格斯为帮助马克思重返商界。

今天，亲密的战友终于重逢了，以后又可以为了共同的目标并肩战斗了，怎能不让人激动万分！

拥抱之后，马克思说：

“燕妮和孩子们都要来接你，我让她们在家里准备了，你的到来就是我们家的节日。”

过去拎起恩格斯的提包，又说：

“你的新居燕妮和孩子们已经找好了，在瑞琴特公园122号，紧靠美丽幽静的瑞琴特公园，到我家步行只需一刻钟。”

恩格斯笑着说：

“这样最好了，我们就可以经常见面了。那儿靠近浦利姆洛斯山吧？我们还可以经常去山下的草地上散步啊。”

他们谈着，笑着，上车奔来马克思家。

在马克思家，恩格斯受到了最热烈的欢迎。

在丰盛的飘着葡萄酒香气的餐桌上，马克思和恩格斯谈到了正在进行的普法战争，都深表关注。

原来在1866年进行的普奥战争中，普鲁士击败了对手奥地利，走完了统一运动的最重要一步。

所面临的是南德四邦在法国的支持下仍保持着独立地位。

普鲁士首相俾斯麦决定通过对法战争，以征服南德四邦。为此，普鲁士在军事和外交上开始准备。

1870年7月19日，在老奸巨猾的俾斯麦的挑逗下，法国首先宣战，发动了对普鲁士的侵略战争。

马克思像（1969年摄于伦敦）

而战争的发动者都未做好作战准备，所以法国军队一开战就节节败退，在9月1日的色当决战中，色当法军投降，法国皇帝波拿巴成了普军的阶下囚。

9月4日，巴黎爆发了革命，愤怒的工人阶级和市民推翻了波拿巴帝国，建立了法兰西第三共和国，但政权却落入了资产阶级共和派控制的临时政府手中。

按说这时普鲁士已经没理由继续进行战争了，可普军以安全保障为借口继续向法国腹地推进，使战争性质发生了根本性变化，普鲁士成了侵略一方，法国则成了反侵略一方。

9月中旬，普军包围了法国的首都巴黎。

为了保卫祖国，保卫巴黎，9月末，巴黎国民自卫军人数达到了三十万。正准备到城外与敌人战斗时，忽然传来坏消息：

法国的临时政府秘密与普鲁士政府讲和了，并签订了屈辱的卖国条约。条约中规定，法国要给普鲁士巨额赔款，还要割让大片国土。

更让法国人民不能容忍的是：普鲁士新皇帝的加冕仪式不是在自己的国家举行，而是在法国的王宫凡尔赛宫宣布德意志帝国成立。

巴黎人民震怒了!

他们拿起武器，奋起战斗，但1870年10月31日和1871年1月22日连续两次武装起义，都被镇压了下去。

3月18日，在国民自卫军中央委员会的指挥下再次起义，向反动军队发起了猛烈的进攻。临时政府的官员们吓得逃出巴黎，溃败的反动军队很快也撤出了巴黎，国民自卫军获得了胜利，革命红旗在巴黎上空高高飘扬。

胜利之后，国民自卫军中央委员会掌握了巴黎的政权，并立即筹备公社的选举事宜，以便把政权移交给民选产生的机构。

3月26日开始选举。

3月28日巴黎公社正式宣告诞生了——这是人类历史上第一个无产阶级专政的新型国家。

巴黎公社成立的消息传到伦敦，“第一国际”的大本营里立即响起热烈的欢呼声：这也是全世界无产者的伟大胜利啊。

马克思和恩格斯一直密切地注视着巴黎的动态。

这时经马克思建议，恩格斯已被“第一国际”吸收为总委员会委员。

马克思在事先曾告诫巴黎工人不要贸然举行起义，但他也为公社的成立感到万分高兴和激动。他认为，工人阶级反对资本家阶级及其国家的斗争，由于巴黎人的斗争而进入了一个新阶段，不管这种事情的直接后果怎样，毕竟已经取得了具有历史意义的新起点。

他向总委员会提议，向无产阶级解释公社的革命性质，并号召他们支援巴黎人民的斗争。同时，根据已掌握的情况，马克思还及时向巴黎公社领导人提出一些具体的建议：加强蒙马特尔北部高地的防线，警惕反动政府与德军联合用武力绞杀革命。

不幸被马克思言中了：反动政府在巴黎公社成立后，一面集合残兵败将，一面与俾斯麦相勾结，以出卖民族利益为代价让德国第一批释放了几万名法军战俘，扩充了军队，兵力达到六万余人。

4月2日，反动军队攻至巴黎城下，与国民自卫军展开激战。结果，国民自卫军把进攻的反动军队击退。

5月10日，德军又释放了十万法军战俘，使反动军队增至十三万人，并同意反动军队从北面穿过德军防线进攻巴黎。

5月12日，反动军队又开始攻城，遇到了国民自卫军的奋勇迎击，一直战斗到5月21日，反动军队在奸细的协助下攻开了一座城门，接着又占领了数座重要城门，到5月22日，大约有十万之众的敌军攻入了巴黎城内，惨烈的巴黎保卫战开始了。

5月24日，敌军攻占了公社所在地市政厅。

5月26日，巴黎公社发出最后通告，号召巴黎人民同敌人血战到底。

5月28日，最后一道街垒被敌人攻破了，巴黎公社革命终以失败而告终。

随之，反动军队对巴黎公社战士和人民展开大屠杀，塞纳河水被鲜血染成了红色。

马克思的心也在滴血。

他为反动军队的野蛮屠杀感到愤怒；为巴黎人民做出的巨大牺牲感到悲痛；也为二女儿劳拉和女婿拉法格杳无音信感到深切的牵挂。

二女儿劳拉是1868年与拉法格结婚的，后来迁居法国，经常在巴黎居住。

马克思终于病倒了。但疾病没能让他停止写作，经过了许多个昼夜的艰辛写作，就在公社失败的第二天，他写完了《法兰西内战》。

1871年6月13日，《法兰西内战》在伦敦正式发表，并迅速传播到许多国家和地区，使马克思愤怒的呐喊响彻天宇。

斗争到底

巴黎公社失败后，大批公社流亡者涌入了伦敦。他们无衣无食，筋疲力尽，有的还伤痕累累，只能流落街头，陷入悲惨境地。

马克思立即与战友们发起成立了一个援助流亡者委员会，花费了巨大时间和精力救助这些受迫害的人们。

马克思还与战友们共同发起募捐运动，他本人多次慷慨解囊。

他还想尽办法为流亡者们寻找住处，为那些想离开伦敦去外地的人筹措路费。

他的家里简直成了难民营，所有能住人的地方都住满了人，这些人得到了燕妮、琳蘅和他两个女儿热情接待和细心照顾。

马克思和战友们的救助工作，得到了流亡者的认可和感激，也引起了各国反动势力的恼怒和痛恨。他们勾结起来一齐对马克思进行极其恶劣的诽谤和咒骂。

资产阶级报刊给马克思扣上了煽动叛乱和叛国等莫须有的罪名。

德国政府还发出通缉令：只要马克思一回国，立即予以逮捕！

对所有这一切的人身攻击和迫害，马克思根本不予理睬。他还在给友人信中写道：

我目前荣幸地成了伦敦受诽谤最多、受威胁最大的人。在度过二十年单调的沼泽地的田园生活之后，这的确是很不错的。政府的报纸《观察家报》以向法庭起诉来威胁我，他们敢！对这帮恶棍我一点也不在乎！

反动势力当然也不会放过马克思的女儿们。

1871年夏天，由于对劳拉太多的牵挂，小燕妮和妹妹爱琳娜到法国去看望劳垃，在边境地区被法国警察抓住了，受到强行搜身，被抢去了护照，遭到严厉粗暴的审问，但她们坚强沉着，让对方一无所获，只好放了她们。

劳拉和拉法格在革命期间没有受到伤害，可在公社失败后却受到当局的通缉，不得已逃到了西班牙才找个安身之处。

巴黎公社失败后，受迫害者流亡到世界各地。其中一位叫欧仁·鲍狄埃的公社战士躲过敌人搜捕，在蒙马特尔区一间简陋的阁楼里写下了一首激昂悲壮的诗篇。

后来，这首诗被谱成曲，翻译成各种文字，传遍了全世界，这就是《国际歌》。

在总结巴黎公社的经验教训时，马克思认为如果没有一个独立的无产阶级政党的领导，如果不实行无产阶级专政，无产阶级的革命事业就不会取得成功，也不能建设社会主义。

但是偏偏有人与他唱反调儿，这个人就是巴枯宁，继蒲鲁东之后无政府主义最典型和最坏的代表。

巴枯宁从唯心主义和资产阶级个人主义立场出发，认为阶级压迫根源在于国家。

因此，巴枯宁主张立即废除一切国家和权威，这样，无政府的社会就会到来，也就能实现阶级平等，让每个人享有自由权利。

巴枯宁不相信工人阶级的力量，反对进行政治斗争和经济斗争，反对建立无产阶级政党。

马克思和恩格斯认为，鉴于巴枯宁错误思想对“第一国际”的恶劣影响，必须与对方进行针锋相对的斗争。

1871年9月17日至23日，第一国际在伦敦秘密地举行了代表会议，共有三十二名代表出席。会上马克思、恩格斯与巴枯宁主义者进行了面对面

马克思工作室一角

的辩论，狠狠地打击了巴枯宁主义者的嚣张气焰。

巴枯宁本人没敢出席会议，但他不甘心受挫，在暗中加紧破坏国际的罪恶活动。1871年11月，他纠集了一伙人在瑞士召开了所谓“代表大会”，抛出了一个通告，对总委员会和马克思本人进行恶毒地攻击诽谤。

马克思认为这是巴枯宁公开闹分裂，必须立即予以反击。

1872年初，总委员会发布了《所谓国际内部的分裂》的通告，彻底揭露了巴枯宁集团的分裂阴谋和罪恶目的。为了彻底粉碎巴枯宁阴谋集团，总委员会决定于同年9月在海牙召开国际的第五次代表大会。

9月1日，马克思和恩格斯一起来到了海牙。他们到之后，就听说巴枯宁要在大会上与马克思进行一场全面较量。

但大会开始后，巴枯宁却没有勇气露面，而他的追随者不断地向马克思和恩格斯发难。

马克思和恩格斯唇枪舌剑，并肩作战，经过激烈辩论，取得了胜利。大会决定把巴枯宁及其追随者开除出国际，从而维护了国际内部的团结。

海牙大会还做出了另一项重要决定：把国际总委员会的驻地从伦敦迁至纽约。这是根据马克思和恩格斯建议做出的。

总委员会迁到纽约之后，由于缺少了马克思和恩格斯，实际上已经停止了活动。这时候，马克思已经清楚地认识到：国际已经完成了它的历史使命，现在的主要任务是建立各国的社会主义工人政党。

于是，马克思于1873年9月写信给现任国际总书记左尔格说，从欧洲的形势看来，暂时让国际这一形式上的组织退到后台去，是绝对有利的。

根据马克思的这一建议，第一国际于1876年7月在费城召开了最后一次代表大会，通过解散总委员会和结束第一国际的宣言。

这样，马克思一生中最辉煌的一段战斗岁月结束了。

对马克思这段战斗经历，恩格斯这样说：

“即使别的什么也没有做，也可以拿这一成果引以自豪。”

1875年，写出《哥达纲领批判》一书。1880年，病重，医生禁止长时间工作。1881年12月2日夫人燕妮病逝。1883年3月14日在伦敦病逝。